シンポジウム

変容する
戦争ジャーナリズム

〜ウクライナ報道とメディア〜

公益財団法人 新聞通信調査会 編

シンポジウム

変容する戦争ジャーナリズム

~ウクライナ報道とメディア~

髙村 薫氏による基調講演の模様=2022年11月1日、プレスセンター

パネルディスカッションの風景

第1部

基調講演

ウクライナ報道から学んだ幾つかのこと

髙村 薫 作家

たかむら・かおる　大阪市生まれ。1975年、国際基督教大学教養学部人文科学科卒業（専攻はフランス文学）、卒業後は外資系商社勤務。「黄金を抱いて翔べ」で第3回日本推理サスペンス大賞受賞、「マークスの山」で第109回直木賞受賞、「レディ・ジョーカー」で毎日出版文化賞受賞、「太陽を曳く馬」で第61回読売文学賞、「土の記」で第70回野間文芸賞受賞など。2014年9月より、世界平和アピール七人委員会のメンバーの一人。

第2部

パネルディスカッション

変容する戦争ジャーナリズム

~ウクライナ報道とメディア~

パネリスト

林 香里

東京大学大学院情報学環教授

はやし・かおり　名古屋市生まれ。ロイター通信東京支局記者、東京大学社会情報研究所助手、ドイツ・バンベルク大学客員研究員(フンボルト財団)を経て、東京大学大学院情報学環教授。2021年4月より、東京大学理事・副学長(国際・ダイバーシティ担当)。社会情報学博士。朝日新聞論壇時評筆者。著書に「足をどかしてくれませんか メディアは女たちの声を届けているか」(編著)(亜紀書房)、「メディア不信　何が問われているのか」(岩波新書)、「〈オンナ・コドモ〉のジャーナリズム ケアの倫理とともに」(岩波書店、11年・第4回内川芳美記念マス・コミュニケーション学会賞受賞)、「テレビ報道職のワーク・ライフ・アンバランス 13局男女30人の聞き取り調査から」(谷岡理香と共編著)(大月書店)、ほか。専門:ジャーナリズム/マスメディア研究。

パネリスト

立岩陽一郎

ジャーナリスト・インファクト編集長

たていわ・よういちろう　NPOメディア・インファクト編集長、大阪芸大短期大学部客員教授。1967年神奈川県生まれ。NHKでテヘラン特派員、社会部記者、国際放送局デスクなどを経て現職。「コロナの時代を生きるためのファクトチェック」（講談社）、「ファクトチェックとは何か」（岩波書店）、「ファクトチェック・ニッポン安倍政権の7年8カ月を風化させない真実」（徳間書店）。毎日放送「よんチャンTV」、フジテレビ「めざまし8」総合解説。

パネリスト

津田大介

ジャーナリスト

つだ・だいすけ　ジャーナリスト／メディア・アクティビスト。ポリタス編集長／ポリタスTVキャスター。大阪経済大学情報社会学部客員教授。1973年東京都生まれ。早稲田大学社会科学部卒。メディアとジャーナリズム、テクノロジーと社会、表現の自由とネット上の人権侵害、地域課題解決と行政の文化事業、著作権とコンテンツビジネスなどを専門分野として執筆・取材活動を行う。主な著書に「情報戦争を生き抜く」（朝日新書）、「ウェブで政治を動かす！」（朝日新書）、「動員の革命」（中公新書ラクレ）、「情報の呼吸法」（朝日出版社）、「Twitter社会論」（洋泉社新書）ほか。2011年9月より週刊有料メールマガジン「メディアの現場」を配信中。

パネリスト・進行役

杉田弘毅

共同通信社特別編集委員

すぎた・ひろき　1957年愛知県生まれ。一橋大学卒。1980年共同通信社入社。91年テヘラン支局長、2005年ワシントン支局長、13年編集委員室長、16年論説委員長。著書に「アメリカはなぜ変われるのか」（ちくま新書）、「『ポスト・グローバル時代』の地政学」（新潮社）、監訳「新大陸主義」（潮出版社）、「アメリカの制裁外交」（岩波新書）など。21年5月、日本の国際報道を長年けん引したとして日本記者クラブ賞を受賞した。

パネルディスカッションの模様。（左から）杉田弘毅、林 香里、立岩陽一郎、津田大介の各氏

司会を務めたフリーアナウンサーの戸丸彰子氏

会場の入り口

受付の模様

シンポジウム

変容する戦争ジャーナリズム

～ウクライナ報道とメディア～

公益財団法人 新聞通信調査会

シンポジウム

変容する戦争ジャーナリズム

～ウクライナ報道とメディア～

公益財団法人 新聞通信調査会
理事長 西沢 豊

主催者あいさつ

皆さま、こんにちは。公益財団法人　新聞通信調査会理事長の西沢でございます。コロナ禍になってはや三度目のシンポジウムになりましたが、会場とオンラインの2ウェイ方式が定着し、多くの皆さまにご視聴いただけるようになったことをうれしく思っております。

２０２２年2月にロシアがウクライナに侵攻し、非常に悲惨な戦争が8カ月余りにわたって続いております。ウクライナは今日もなお、日々のニュースの中心的存在になっております。そこで今回は「変容する戦争ジャーナリズム～ウクライナ報道とメディア～」と題して、シンポジウムを企画いたしました。これまでのウクライナの戦争報道について、基調講演とパネルディスカッションで掘り下げていただこうと思っております。

国連常任理事国のロシアが他国の領土に侵攻し、一方的に一部を併合するという暴挙は、国連を中心とした戦後の国際秩序の明確な否定であります。先週、ここ日本記者クラブでポーランドの外務副大臣が記者会見をしましたが、彼はロシアの侵攻を「犯罪でしかない」と厳しい口調で批判しておりました。さらに、ロシアは非核国に対して核兵器の使用をちらつかせて圧力をかけております。こうしたことではＮＰＴ、核兵器不拡散条約体制は成り立ちません。侵攻当初から日本を含む西側諸国が一斉にロシアに厳しい制裁措置をとったのは当然と言えるでしょう。ただ、善悪二元論だけで平和が戻って来ないということも、また一つの側面であります。

戦争報道は当事国、当事者間のプロパガンダ、情報操作、報道統制などが付きまとい、実態を見えにくくさせております。ウクライナでも当事者双方の主張が１８０度異なることが珍しくありません。こうした中で、キーウ近郊のブチャでの虐殺では、衛星情報などオシント（オープン・ソース・インテリジェンス）を報道に活用する新しい動きもありました。

また、２０１１年の「アラブの春」以降と言ってもいいでしょうが、ＳＮＳを通じた情報が政治や戦況に大きな影響を与えております。ファクトとフェイクがない交ぜになったソーシャルメディアでの情報戦に、私たちはどう向き合えばいいのでしょうか。

今日は第１部で作家の髙村薫さんに「ウクライナ報道から学んだ幾つかのこと」と題して基調講演をいただきます。第２部では、ジャーナリズムがご専門の林香里東京大学大学院情報学環教授、ネット上の情報に詳しいジャーナリストの津田大介さん、ＮＰＯメディアでファクトチェックに携わっているジャーナリストの立岩陽一郎さん、そして国際報道がご専門の共同通信社特別編集委員の杉田弘毅さん、この４名の方がパネリストになってご議論いただきます。杉田さんには進行役も兼ねていただきます。

最後になりますが、髙村先生をはじめ、皆さまには大変ご多忙な中、シンポジウムにご参加いただきまして、ありがとうございました。心より御礼申し上げまして、主催者からの開会のごあいさつといたします。

目次

シンポジウム
変容する戦争ジャーナリズム
～ウクライナ報道とメディア～

主催者あいさつ …… 3
公益財団法人 新聞通信調査会 理事長 西沢 豊

シンポジウム開催概要 …… 8

第1部
基調講演
ウクライナ報道から学んだ幾つかのこと
髙村 薫 作家

ウクライナ報道との向き合い方とは …… 11
一市民の目から見た戦争ジャーナリズム …… 13
もし現代に柳条湖事件が起きていたら …… 15
メディアを通して見たウクライナの姿 …… 18

戦争報道における真実 …… 21
人道の罪に対するノー …… 25
誰が戦争を終わらせるのか …… 26
豊富な情報が故の混沌《こんとん》 …… 29
被爆国日本が通すべきこと …… 32

第2部

パネルディスカッション

変容する戦争ジャーナリズム

～ウクライナ報道とメディア～

パネリスト

林 香里　東京大学大学院情報学環教授

立岩陽一郎　ジャーナリスト・インファクト編集長

津田大介　ジャーナリスト

パネリスト・進行役

杉田弘毅　共同通信社特別編集委員

1、プレゼンテーション …… 37
国際報道における日本の立ち位置 …… 39
戦争時の報道と政府の関係 …… 41

どんな立場でも事実を確認 …… 46
情報戦で光るフリーランスの取材 …… 50
環境の変化で肉弾戦と情報戦が逆転 …… 53
プロパガンダのターゲットはどこか …… 55
情報があぶりだす戦争犯罪の証拠 …… 57
切り取られた情報の危うさ …… 60
報道に対する解釈や定義の揺れ …… 63
両論併記だけで済むのか …… 65

2、質疑応答 …… 67
ウクライナ戦争での報道量と質 …… 68
善悪の分かりやすい構図 …… 69
国際報道の確実性 …… 73
日本独自の視点は必要か …… 75
翻訳紹介における課題 …… 77
ウクライナと台湾の連関はあるのか …… 78
戦争におけるファクトチェックの役割 …… 81
ウクライナと台湾での類似の有無 …… 83
オシントの可能性 …… 85
巧妙なメディア戦術を検証する …… 86
立ち位置を持たない報道 …… 89
技術的な進歩に追随するフェイクの発達 …… 91
現地特派員の現在 …… 93
国際報道に期待すること …… 95

シンポジウム開催概要

題名　変容する戦争ジャーナリズム
〜ウクライナ報道とメディア〜

主催　公益財団法人 新聞通信調査会

会場　プレスセンターホール（日本プレスセンタービル　10階）
千代田区内幸町2−2−1

日時　2022年11月1日13時〜16時15分

内容　第1部　基調講演　13時5分〜14時5分
第2部　パネルディスカッション　14時15分〜16時15分

【表紙の写真】
ウクライナのゼレンスキー大統領
（提供：Aleksandr Gusev／SOPA Images via ZUMA Press Wire／共同通信イメージズ）

第1部

基調講演

ウクライナ報道から学んだ幾つかのこと

髙村 薫
作家

基調講演

ウクライナ報道から学んだ幾つかのこと

髙村 薫
作家

ウクライナ報道との向き合い方とは

本日お話ししようと思っているのは、「ウクライナ報道から学んだ幾つかのこと」です。２０２２年2月24日にロシアがウクライナに侵攻し、私たちはヨーロッパでミサイルや砲弾が飛び交う本物の戦争を目の当たりにすることになりました。私たちが日々入手する新聞やテレビのニュース、あるいはSNSで発信される情報が、そのままうのみにしてはならないものであることを、私たち一般市民は今回初めて身に染みて思い知ったのではないかと思います。

特に日本は77年以上も戦争しておりませんので、戦争報道のうさんくささやプロパガンダに慣れていませんし、耐性もありません。基本的には全国紙に書いてあることや公共放送のニュースの内容を疑ってかからずに済んできたわけです。

ところが、ロシアのウクライナ侵攻では、始まる前からアメリカやイギリスとロシアの激しい情報戦が繰り広げられて、どの情報分析やどの予測が正しいのか、報道を一生懸命追っても一般市民には分からないという経験をしました。それは侵攻が始まってからも同じで、私たちは今も、一体双方の戦車の数が幾らになっているのかを知りません。どれだけの市民が犠牲になったのかも、ようとして知れません。

その一方でＳＮＳ時代ですから、雑多な情報だけは山ほど飛び交っています。

実践と情報戦の合わさった、こういう戦争の形をメディアは「ハイブリッド戦」と呼んでいますが、一歩引いて眺めれば、攻撃で破壊された街も、がれきの下敷きになって亡くなった犠牲者も、あるいは戦死した兵士の皆さんも一昔前の戦争と何ら変わらないのであって、まさに生身の人間の死がそこにあるという意味では「ハイブリッド戦」などという呼び名は言葉遊びだという気がします。

戦争というのは三国志の時代から情報戦であったし、同時に肉弾戦でもあったわけです。

このように私たちはウクライナ報道を通じて、日々多くのことを少しずつ学んできましたし、今も学んでいる途中です。日本人にとって21世紀のヨーロッパで起きている戦争に現実味があるはずもない一方で、それを伝えるメディアやＳＮＳの大量情報のおかげで奇妙に頭でっかちになっているような実感もあります。

一市民の目から見た戦争ジャーナリズム

まずは何の専門家でもない一物書きが、この場に立っている意味は何かという点から始めたいと思います。

ロシアの空襲によって被害を受けた住宅の前を通り過ぎる地元住民
（2022年４月、提供：Ceng Shou Yi／NurPhoto／共同通信イメージズ）

国際情勢やロシア現代史、あるいは軍事技術や、はたまたジャーナリズムのいずれも私の畑ではありません。それでもウクライナで起きている戦争は、この地球に暮らす全ての市民にとってひとごとではありません。

戦争は常に市民を巻き込んで展開するものですし、実際に血を流すのも市民です。政治家は戦争の大義や正義を語るけれども、戦争で奪ったり奪われたりする土地に住んでいるのは市民です。政治家の掲げる大義のために命や財産を奪われるのも市民です。

日本から遠く離れたウクライナの戦争であっても、同じ市民として国家が起こす戦争に無関心でいられないのは、日本の場合、例えば台湾海峡や北朝鮮のミサイルの距離があるからですが、それ以上に自分がこうして住んでいる街が戦場になることの悲惨さを同時進行で目の当たりにしたことの意味は小さくないと思います。

また、街やインフラが破壊されて焦土と化した、その戦火の跡というのはシリア内戦でも目の当たりにしましたが、ミサイルや多連装ロケット砲や、あるいは戦車部隊による大規模な集中攻撃は、どちらかと言えば第２次世界大戦の姿に近いもので、私たちは過去の戦火が目の前でよみがえったような感覚にとらわれたのかもしれません。

ともあれ、ロシアのウクライナ侵攻は、日本人にとって直接関係のない話であるとはいえ、日本政府が西側諸国の制裁に直ちに加わったことで、日本もロシアや中国等、西側諸国の分断の一端を担う形になり、北大西洋条約機構（ＮＡＴＯ）諸国ほどではないものの、この戦争に深く関わることになりました。

そうは言っても市民には市民の受け止め方があります。ＳＮＳやネットが発達した今日では、その市民の受け止め方も多様ですし、日本政府やアメリカや欧州連合（ＥＵ）の掲げるウクライナ支援の大義をそのまま受け入れているわけではありません。

新聞も、特に戦争報道になりますと、かつての従軍記者のように現地で戦火をくぐるわけではありませんから情報量には限りがあります。

一方ネットには常に情報があふれているとはいえ、基本的にはどれも真偽の確かめようのない情報ばかりです。私たち市民は、政府が持っているような一次情報は手に入りませんし、日々の新聞報道で大まかな情報をつかむ一方、真偽の確かでないウェブ上の情報を横目でのぞきながら推測や取捨選択や解釈を重ねて、ああではないか、こうではないかと日々頭を絞っているわけです。

確信を持ってこうだと言えることは何も持っていませんが、それでも戦争がいつも市民の命と財産に関わってくるものである以上、個人個人がそれぞれに戦争報道と向き合い、戦争ジャーナリズムに自ら巻き込まれて生きていくほかないわけです。

一物書きの私が、ここに今日立っている理由は、今申し上げたように、どんな戦争も「市民にとっての戦争」だからです。

仮に精密爆撃で兵器工場だけがピンポイントで爆撃されても、その工場で働く市民がいる限り、市民にとっての戦争だと言えます。さらに言えば、時々の為政者や政府が選挙で選ばれたからといって市民の合意なしに勝手に戦争を始めたり、あるいは他国の戦争に介入したりすることに対して、異を唱えるのも市民です。また、核兵器禁止条約を実現させたのは市民ですし、ヒロシマ・ナガサキを世界の共通語にしたのも市民でした。

日本人にはなかなかピンとこない話ですが、欧米の市民にとって唯一正当化されるのは人道や正義のための戦争であり、後で触れますが、欧米各国で広がるウクライナ支援の機運は、正確には国家よりも人道や正義を求める市民から起こっているものだと思います。その辺りの感覚は日本人とは若干違いますが、ともあれ私もまた一市民として、今日はここで市民の目から見た戦争ジャーナリズムについて若干の話をさせていただこうと思います。

もし現代に柳条湖事件が起きていたら

さて、私たち市民が触れることができる戦争の情報は、現代ではウェブを含むさまざまなメディアによって報じられるニュースと、不特定多数の個人がＳＮＳで発信したものです。

満州事変の時には、街には新聞の号外が飛び交い、市民はラジオに耳をくっつけんばかりにニュースに聞き入ったそうです。当時は市民が海の向こうで起きた事件について知る機会はごく限られていましたし、そういう情報環境では市民はひとまず新聞や公共放送が流す情報の真偽を疑ったりはしません。

すなわち、多くの市民は柳条湖で南満州鉄道が中国軍によって爆破されたというニュースを、そのま

満州事変のきっかけとなった柳条湖付近の南満州鉄道線路爆破現場を調べる国際連盟のリットン調査団（提供：共同通信社）

ま信じたということです。

仮に、この柳条湖事件が現代に起きていたらどうでしょうか？　爆破は関東軍による謀略だったわけですから、当時もそうだったように、現場の詳細が公表されるはずはありません。それでも、それらしい映像は捏造《ねつぞう》されると思います。その映像や公表された事実に基づいて、テレビの報道やワイドショーでは特別番組が組まれるかもしれません。

そして、専門家と称する人々、すなわち中国外交の専門家、関東軍の作戦に詳しい人、元軍人、あるいは研究者、若槻内閣の対中国外交や対ソ外交に詳しい政治評論家などが、あれこれ事件の背景を説明してみせると思います。

そうこうするうちに衛星画像を分析したアメリカの民間機関が、爆破は関東軍によるものだと言い出すかもしれません。すると一気にＳＮＳがにぎやかになって、政府は謀略を否定するための捏造に捏造を重ね、対中国強硬論への傾斜を一層強める口実に利用するだろうと思います。

一方、中国側も情報操作は日本以上に巧みですから、必ず何かを仕掛けてくるでしょう。とはいえ、日本を含めた各国の軍事的外交的な動きが必ずしも全て公開されるわけでないのは、今日も満州事変の頃も同じです。メディアがどんなに発達しても、こと戦争に関する限り、一般市民は基本的に蚊帳の外に置かれるわけです。

今日では、ある程度まで新聞社やフリージャーナリストの独自取材が可能ですし、現地へ特派員が入って一次情報に近い現地の生の声を届けることもできます。

とはいえ、今回のロシア軍のウクライナ侵攻の時も、年初には国境に10万人規模のロシア軍が集結をして、今日明日にも部隊が国境を越えるのではないかといわれていた一方で、肝心のウクライナ市民は直前まで侵攻が現実になるとは思っていなかった節があります。

日本もメディアは特派員の安全確保を最優先したのだと思いますが、侵攻開始の時にキーウに居たのは数えるほどだったといわれています。もっとも特派員が現地に入ったからといって、戦闘の最前線に近づけるわけではありませんし、ミサイル攻撃や爆撃が行われている間は地上に出ることすらできずに市民と一緒にシェルターに避難しているほかはありません。

つまり戦争ではメディアも自主的に得られる情報というのはごくごく限られていて、詳細な情報は基本的には政府や自治体や警察の発表に頼ることになります。しかも、メディアの側には、その政府の発表自体を検証するすべもないわけで、常にどこまでが真実なのか留保を付けておかなければならない状況が、ウクライナ報道では今も続いています。

振り返れば、私たちは遠い日本にいて、現地時間の２０２２年2月24日未明にキーウの上空を斜めに横切っていくミサイル一発の映像をテレビで見たのが戦争の始まりでした。

この時、実際にはキーウのほか、ハルキウ、オデッサ、ドニプロの飛行場や軍事施設などへのミサイル攻撃が行われていて、地上部隊も国境を越えて侵攻を開始して、各地にウクライナ軍の国境警備隊と戦闘が行われたのですが、侵攻当日の各地の戦況の詳細などは、もちろん日本の市民までは伝わってきませんでした。

最初の頃に印象的だったのは、ロシア軍の戦車などの映像は入ってくる一方で、ウクライナ軍の姿は全く入ってこなかったことです。私たちが見たのは、爆撃で燃える建物で消火活動を行う消防士たちの姿だけで、それも限られたものでした。

素人の私は、ＳＮＳがこれだけ普及している時代に、あちこちでロシア軍と闘っているはずのウクライナ軍の姿が少しも入ってこないのはなぜだろうと単純に思い続けておりまして、これが戦時下のウクライナにおける情報統制だと気付くのに大分、時間がかかりました。部隊の姿が映像で流れると周囲の風景や建物から場所が特定されてしまってロシア軍の攻撃目標にされるので、ウクライナ当局がメディアや一般市民の発信を厳しく制限していたわけですが、素人にはそんなことも分からなかったのです。

メディアを通して見たウクライナの姿

素人が違和感を覚えたのは、ウクライナ軍の映像がなかったことのほかに、ウクライナの公共放送も沈黙していたことと、代わりにゼレンスキー大統領が一人だけＳＮＳで戦況を発表し続けていたことでした。国家の非常時に大統領が国民に直接語り掛けるというのは意味のあることだと思いますが、ほかに誰も登場しないのは異様です。

初めのうち、大統領は96時間で陥落するといわれていたキーウにとどまって、国民に徹底抗戦を呼び掛ける英雄の姿をしていました。時に勇ましく、時に悲壮感を漂わせて国民を鼓舞する姿は感動的でもありました。その姿だけは常に全世界に向けて発信され、西側諸国の同情と関心を集めたことを考えますと、これはまさしく情報戦の一環であり、特に大統領の映像は、戦時下の強力なプロパガンダであったのは明白だと思います。

大統領はウクライナ国民に向けて、団結して祖国を守ることを強く呼び掛け続けました。ロシア軍がキーウに迫った時には市民に火炎瓶を用意するように要請していましたが、侵攻前に女性や学生たちまでが銃を手に取って闘う用意があると伝えられた時の違和感がよみがえりました。すなわち、これがもしも日本を含めた西側諸国なら、まずは市民に避難を呼び掛けるはずです。

しかし、ウクライナでは、大統領が市民に銃を手に取らせ、そして市民もまた、少なくとも表向きは祖国防衛のために積極的に立ち上がると言ってはばからない。このことから私はウクライナという国家が、その成り立ちや旧ソ連時代の歴史を今でも色濃く残していて、西側諸国とは大分違う価値観や国家像を持っているのだということに気付いたわけです。

言い換えれば、ロシア軍によるウクライナの侵攻というのは、ある日突然、北海道にロシア軍が攻めてくるというのとは大分意味が違いまして、長い歴史的因縁の中で、互いに攻め込んだり、攻め込まれたりしてきたことの延長線上にあって、私たち日本人にはにわかには理解できない国民感情や国家像の帰結だということです。

そして、そんなことを日本人に気付かせたのが、テレビに登場し続けるゼレンスキー大統領の姿であり、能弁であったわけです。しかも、この大統領の演出によって、ウクライナ支援の声はあっという間に全世界に広がったのですから大成功だったと言えます。

この後、大統領は各国の議会で感動的な演説を繰り返し、西側諸国は大統領の要請に応じて当たり前のように、ウクライナへの軍事支援を加速させていきます。

アメリカを含めたＮＡＴＯ諸国は自分たちが参戦したくないことの、また参戦できないことの、埋め合わせとして大量の軍事支援を行い、ウクライナ側は西側諸国の代理戦争をしているという側面を前面に押し出すことで、軍事支援を正当化していきました。この代理戦争の構造を可視化させたのもメディアでした。

正直なところ、ゼレンスキーが日本の国会で演説をした時、スクリーンに向かって国会議員たちが一斉にスタンディングオベーションで大統領を迎えたのには、一日本人として違和感がありました。

一つには、ウクライナで起きている戦争について、日本は西側諸国の一員ではあるにしても、直ちにＮＡＴＯ諸国と一緒になってロシア非難の大合唱に加わることの是非です。天然ガスのサハリン２の開発といった事情は別にしても、北方領土問題を抱えている日本には、もう少し違う物言いができたのではないかと今も思っています。

もう一つは、日本はＮＡＴＯ諸国のような直接の軍事支援はできませんが、それ以上にこうした代理戦争によって、実質的に戦火を拡大させていくことへの戸惑いもありました。早い段階で、数百万人もの避難民が着の身着のまま隣国などに逃れていくニュース映像が流れるにつけ、一刻も早く停戦を実現しなければならないのは明らかでしたが、互いに有利な状況をつくってからでないと人道的な見地だけでは停戦は実現しません。案の定、ゼレンスキーはとても意気軒高ですし、当初の予想に反してロシア軍の苦戦が伝えられる中で、西側の武器供与はますます増えていって、むしろ戦火は実質的に拡大していったのです。

そして、日がたつに連れてロシア軍のキーウ攻略が失敗する一方、戦火は南部のヘルソン、ドンバス、ルガンスクといった地域に移っていって、ロシア軍が去った地域では焼け野原になった街の惨状とともにロシア軍の戦車や車両の残骸の映像が流れるようになりました。

ゼレンスキーは、ほぼ毎日ＳＮＳに登場して、ウクライナ軍はどこそこで反撃した、どこそこを奪還した、負傷者は何人、などと発信していましたが、ロシアはロシアで、それとは全く違う内容を発表するのですから、私たちには正確な状況など全く知るすべもありません。

ロシア軍が病院を攻撃した、学校が攻撃されて子どもが何人犠牲になったといったウクライナ側の発表は、攻撃自体は事実だとしても、多分にロシア側の無差別攻撃を世界に印象付けるプロパガンダですから、侵攻開始当時のように、そのまま受け止めることもできません。実際に国連が推計する犠牲者の数は、ウクライナの発表より、いつも若干少ないのです。

こうして考えてみますと、これだけ情報環境が発達した時代でも、ひとたび戦争になれば現地にいない人間が正しい情報を把握することは、想像以上に困難でした。どんなにＳＮＳを駆使しても、全体像を知ることはもちろん、今後どうなっていくのかという予想もほとんどできません。

ウクライナとロシアの双方が日々情報を発信しても、それらのほとんどが互いにプロパガンダであり、そのためのフェイクニュースだと見なしていいし、むしろそう見なした方が間違わないだろうという気がします。

戦争報道における真実

では、真実はどこにあるのか。例えば、映像や画像はその一つかもしれません。衛星がウクライナ領内で長時間滞留しているロシア軍の戦車の映像を映し出して、私たちはようやくロシアの進軍が止まっていると知ることができます。また進軍が止まっている理由として、燃料不足や指揮命令系統の混乱などを予測することもできますし、漏れ伝わってくるロシア軍兵士の士気の低さも事実かもしれないと理解するわけです。

衛星画像が真実を映し出した例としては、先ほどお話にもありましたように、キーウ近郊のブチャと

ブチャを訪れるゼレンスキー大統領（2022年４月、提供：Ukraine Presidency／Ukraine Presi／Planet Pix via ZUMA Press Wire／共同通信イメージズ）

その周辺で住民が大量に虐殺された時の事実関係があります。ロシア軍はウクライナ軍がやったのだと主張しましたが、ロシア軍が撤退する前に住民の遺体が路傍に転がっていたことを衛星画像が映していて、ロシア側の主張がうそであることが証明されました。このブチャは誠に悲惨な状況で、西側諸国がジェノサイド（編注　民族大量虐殺）だと見なしたのも無理はないのですが、ここでも少し視点をずらすと印象的な事実が浮かび上がります。

まず、ロシア軍が撤退した後、街に入ったウクライナ軍が路傍にたくさんの遺体を発見して、ここで何が起きたのかを知るわけですが、普通ならウクライナの部隊は直ちに市民の遺体を回収して埋葬するでしょう。

しかし、実際にはそうではありませんでした。ウクライナ軍もあえて遺体をそのまま路傍に残して、全世界にロシア軍の戦争反対を知らしめるために、その映像を世界に流したわけです。

この時、これまでずっと大統領府にいたゼレンスキーが初めて地上に姿を見せて、ウクライナの部隊とともにブチャの街に立って、それでロシアの残虐行為を激しく非難しました。世界は衝撃を受け、ロシアの非人道性に対する怒りと非難が改めて世界を駆け巡りました。

つまり、ロシアの戦争犯罪は紛れもない事実ではあった一方、その事実を最大限に利用して西側諸国にロシアの非を訴える大統領のプロパガンダでもあったということです。プロパガンダがいけないということではなくて、これが戦争というものの現実であり、戦争報道の実態だということであります。そうした報道に触れるときは、私たちはよほど冷静でなければならないということでもあります。

私には、もう一つ印象に残ったことがありました。実はこのブチャの街に大統領が立った時、私の記憶違いでなければ、同行していたウクライナ軍の兵士たちの姿が、初めて日本のテレビに映し出されたわけです。

海外メディアがどうなっていたのかはちょっと分からないですが、少なくとも日本では2月24日以来、一度も姿を見せなかったウクライナ軍が、4月5日の大統領のブチャ訪問の時に初めて公然と姿を現したのでした。

多分、既に解放された街なので、部隊の映像が出ても問題はないということだと思います。この後、抗戦に出たウクライナ軍の姿が各地でたまに報じられるようになります。

戦争報道における真実はどこにあるのかということについて、もう一つ取り上げなければならないのは、現地の一般市民が何を考え、何を望んでいるかということです。侵攻前、一般市民が射撃訓練を受ける姿や「祖国を守る」と明るい表情で語る市民の姿が報じられ、私などは何か複雑な思いがしておりました。

侵攻が始まってからは、列車でわれ先に避難する市民の姿が報道の中心になりました。取材を受ける市民たちは、先の見えない絶望と無事に逃れられたことへの安堵《あんど》が入り混じった複雑な表情をしていて、戦火に遭ったことのない人間には簡単にこうだと言えないことを、いろいろ痛感させられました。

人助けは、助ける側もある種ハイな気分にさせるもので、特に戦火と無縁の日本では、善良なボランティアの人々の必死の笑顔が逆に印象的でしたが、ウクライナの避難民は総じて言葉少なで、硬い表情だったように思います。逃れた先でボランティアの活動に感謝こそすれ、住み慣れた故郷を追われ、仕事も学校も将来も奪われて先の見えない避難生活を始めることが、どれほど言葉にならないものか考えてみれば当たり前のことです。

しかも、ウクライナでは祖国防衛のために男子の出国が認められていないという言語に絶する状況もあります。その男性たちはリビウなどで妻子との別れを悲しむ姿が数多く報じられましたが、祖国防衛に駆り出されることについての公然とした反対の声は聞こえてきませんでした。

私などはウクライナの国民感情では祖国防衛は当たり前のことであって、個人の自由より優先されるのが自然なことなのかと、ここでもいくらか違和感を抱きながら受け止めていたわけですが、実はそうでもないということを最初に伝えたのも現地に入ったジャーナリストでした。

つまり、自分が祖国に残るのは、祖国を守るために戦いたいからではなくて、この戦争が終わったときに家族が後ろ指を指されないためだという男性市民の声が拾われ、伝えられたのです。ウクライナ社会には戦時下で強い同調圧力が働いていて、決して自由にものが言えるわけではないことが分かって、私はやっと腑《ふ》に落ちたわけでした。

ロシア兵たちもまた、そもそもウクライナと戦争などしたくないという本音が少なからずあることが報じられるようになりました。戦場の極限状態でブチャのような虐殺を行う兵士がいる一方、闘う意義が見つけられずに戦線放棄する兵士が後を絶たないということも報じられました。

侵攻したもののあちこちで敗北をして、戦死者が続出するような状況では士気が下がって当然ですし、もともとロシア軍の兵士たちはモスクワなどの都会の若者ではなくて、貧しい地域から食べるために志願した若者たちだそうです。

そう考えると、ロシア兵たちの置かれている状況も悲劇的ですし、プーチン大統領もゼレンスキー大統領も、そうした若者や市民を駒にして、自分の大義のために戦争しているということになります。

とはいえ、初めに申しましたように、ウクライナ市民の本音は大変複雑なもので、私たち日本人が考えるような単純な平和一辺倒ではありません。そこには祖国防衛やウクライナの勝利への強い思いも混じっているのであって、戦争がここまで長引いているのも、あるいはゼレンスキーやプーチンの人気が下がらないのも、その辺に理由があるのだと思います。

人道の罪に対するノー

またもう一つ、私たち日本人には肌感覚で理解するのが非常に難しいことが一つあります。それは、このウクライナで起きている戦争がまさにヨーロッパの戦争であり、加害者も被害者もヨーロッパの人々だという点です。民族的にはロシアや旧東欧諸国はスラブですが、実際には経済的にも文化的にもヨーロッパと地続きだと言ってよいと思います。

つまり、ウクライナの戦争がヨーロッパの戦争である故に、人々はホロコーストを思い起こしますし、市民に犠牲者が出ていることへの拒否感や怒りは、ほとんど肌感覚から来ると言ってよいと思います。

欧米各国で一斉にロシア非難の大合唱になったのは、ロシアの侵略に対する抗議という以上に、ロシアによる非人道的な無差別攻撃や虐殺に対する絶対的なノーだったのだという気がします。

ホロコーストを経験した人々の、人道の罪に対するノーというのは、全てに優先する絶対的な規範であり、欧米各国がウクライナ支援を惜しまないのは、先ほど申したような大戦争だからという以上に、ロシアはどこまでも悪、ウクライナはどこまでも正義という絶対的な図式が、欧米の市民にはあるのだと思います。

そのため、侵攻開始から間もない時期に早くもプーチンを人道に対する罪で裁くための準備が始まっていましたし、国際刑事裁判所への提訴の障害になるものは何もないといわれています。

日本人にはなかなか理解しにくいことですが、ウクライナで一向に停戦協議が始まらない、進まないというのは、ロシアによる人道に対する罪を前に、そもそも欧州の人々に妥協する余地がないからだとも言えると思います。ロシアが核兵器の使用をチラつかせる中でも、停戦交渉よりも人道に対する罪を許さない絶対的なノーが優先されるわけです。

正直なところ、ロシアが核兵器を使う可能性がゼロではない以上、停戦に向けた裏口への外交交渉が必要だというのが日本人の感覚ですが、ヨーロッパの市民感覚は違います。絶対悪のロシアといかなる交渉の余地もないし、あくまでプーチンのジェノサイドの罪を裁く以外の選択肢はない。欧米各国のそういう後押しもあって、ウクライナは今も反転攻勢に出ていて、戦争はそう簡単に終わる気配はありません。

誰が戦争を終わらせるのか

初めにどんな戦争も市民の戦争だと申しましたが、遠い日本で一市民の私は、まさしく終わる気配のない戦争をなすすべもなく見ていることしかできない失意を味わっております。また、欧米の市民は「核兵器は怖いが、ロシアに妥協することになる停戦は有り得ない」というアンビバレントな状況に耐えているのだと思います。

　言い換えれば、従来なら前面に出てきていたであろう国家が、今では後ろに引いていて、代わりに市民感覚というやつが、雲のようにヨーロッパを覆っているのだ、ということもできます。

国連安全保障理事会の会合でオンライン演説するウクライナのゼレンスキー大統領
（2022年４月、提供：ゲッティ＝共同）

　脱炭素や持続可能な開発目標（ＳＤＧｓ）を求める市民の思いが時に抗議デモになるように、仮に国が下手な停戦交渉に出ようものなら、欧米では抗議デモが起こりかねません。

　欧米各国に満ちているそんな反ロシア、反プーチンの感情が今のところウクライナの戦争を支えているのであり、支援疲れや関心が薄れるといった状況がいずれ出てくるにしても、戦場になっていない代理戦争が故に、戦争終結への動きはしばらく鈍いままなのではないかと思います。

　こうして眺めてみますと、ロシアが始めたこの戦争は何とも捉えにくい姿をしているというほかはありません。この原因となっているのは、全体として国家の影が薄れていることが大きいと思います。

　例えば、国家の意思、すなわち議会や政府の意思のことですが、そうした国家の意思よりもプーチンやゼレンスキーといった英雄的な個人の意思が前面に出ているのが、この戦争の一つの特徴です。また、欧米各国で国家よりも先に市民がウクライナ支援で団結したことも同様ですし、ウクライナ各地でのロシア軍の人道に対する罪に関心が向かっていることもそうです。

従来であれば、戦争である以上、勝った、負けたが何より重要でしたが、ウクライナでは個々の戦況よりも市民に対する攻撃が行われている国際法違反に世界の視線が向かっているために、報じられる映像も、例えば無残に破壊されたアパートや学校、焼き出された市民、傷ついた子ども達といった人道的な視点の映像が多くなります。

その結果、正確にはウクライナのどこが破壊されて、どこが奪還されて、どこが戦闘中なのか、私などはいまひとつ捉え切れないままですし、ロシアの苦戦が伝えられるが、では反転攻勢に出ているウクライナの優勢はこのまま続くのかと言われたら、それも分かりません。

そもそも宣戦布告がなかった戦争ですし、仮にどちらかが勝利宣言をしても、相手が認めなければ戦争の終結はありません。一体どこがどうなったら戦争が終わるのか、終わるというより、終われるのかと言った方が正しいかもしれませんが、国家が後ろの方へ引いてしまったこの戦争の最大の難題は、戦争を終わらせる者がいないということではないかと思います。

そして、戦争がいつまでも終われないまま、追い詰められたプーチンが核攻撃に出る可能性が日に日に高まっているわけですが、私たちはウクライナで核兵器が使われる日が来ることを想像だにしませんでした。

ロシアがザポリージャ原発を砲撃した時、世界は初めて商業原発への攻撃が核攻撃の代わりになり得る、そういう現実を突き付けられて大慌てになりましたが、それもこれもロシア政治の専門家や軍事の専門家たちの頭から抜け落ちていたものであって、結果的にメディアが予想することもできないまま、世界は仰天することになったわけです。

豊富な情報が故の混沌《こんとん》

思えば今回のウクライナ報道で私たちは、専門家の分析や予想も、また必ずしも正解ばかりではないということを学びました。

例えば、世界中のメディアが「ウクライナに侵攻したロシア軍は96時間でキーウを陥落させる」と伝えていましたが、結果は陥落させることすらできませんでした。その予想が外れたことについて、ある専門家は、本来であれば侵攻と同時に空港を全部制圧して制空権を奪うところを、どういうわけか中途半端な攻撃に終わったことを挙げていましたが、そんな初歩的な失敗をしでかすロシア軍というのが一体どうなっているのか、私たちはキツネにつままれたような心地がしたものであります。

この点については、結局軍事大国ロシアの実力を世界の専門家たちはずっと見誤っていたということですし、それもまた驚くべきことではありますが、アメリカやイギリスのインテリジェンスの能力や精度にも限界があるということなのだと思います。

私たち一市民はこういう緊迫した状況が報じられるたびに、専門家の研究や分析を頼りにしますが、ウクライナ報道では専門家も決して常に正しいわけではないことを学びました。特に軍事作戦の当否などというものは、それこそ専門家によって意見が異なるでしょうし、成功することも失敗することもあるわけですから、一概に正しいとか間違っているとかいうのは適切ではないかもしれません。

しかし、そうだとしても報じられる内容を単純に信じてはならない、そういう見方もあるのだという程度に理解しておくべきだというのは、戦争に限らず、物事の一般的な受け止め方として大事なスタンスなのだという気がします。

また、報じられるニュースや解説を単純に信じ込まないためには、できるだけ多様なチャンネルの多様な情報に触れなければならないということもウクライナ報道で強く実感しました。

というのも、全国紙の購読者が非常に減少してしまい、多くの日本人が今では簡便なポータルサイトのウェブニュースを日々チェックする、そういう今日、そこにはフィルターバブルが掛かっていますから、個々人が入手する情報には偏りがある。その上に、ＳＮＳに入ってしまえば、ますます情報は偏っていきます。

それでも一般の市民にとって、あくまでニュースはニュースですから、身近に集まってくる情報をあまり考えずに次々に取り込んでいきます。しかも、取り込んだ情報をいちいち精査することもしません。そうして未整理なまま多種多様な情報を詰め込まれた私たちの頭の中で、ウクライナ情勢は豊富な情報でくっきりするどころか、逆にどんどん混沌となっているのが現状ではないでしょうか。

しかし、私はここであえて「混沌としている方がむしろ正しい」と言いたいと思います。そもそも、プーチンがウクライナの領土に執着する理由について、私自身は今もまだよく理解していません。汚職が激しいといわれるウクライナが、本当はどういう国家なのかもよく分かってはいません。

単純に歴史的な因縁ではなく、独裁者の野望というのでもなく、ＮＡＴＯの東方拡大路線が原因というわけでもなさそうな、ほとんどの人が正確に理解していないところで、ロシア軍のウクライナ侵攻は起こり、ウクライナ軍も当たり前のように、それに応戦している。この点については、もしも私の不勉強なら、お許しいただきたいと思います。

政治家でも軍人でもない一般市民にとって、21世紀の戦争というのは、むしろこのように捉えどころのない不確実な姿をしています。帝国主義や全体主義の時代のように明確な大義や正義が存在しません。

あえて〝幸いにも〟と申しますが、幸いにも日本人の私は一市民として、この間のウクライナ報道から学んだのは、極めて今日的なこの戦争のどこにも崇高な大義はない、ただの大混乱と、その被害の無残な姿でありました。

先ほど欧米の市民にとってはロシアという絶対悪と対峙《たいじ》する正義の戦いだと申しましたが、立ち位置が変われば、何が正義かも変わります。ロシアの戦争犯罪は裁かれるべきですが、日本人から見ればロシアは絶対悪ではありません。戦争に付き物の人間の残虐性を、戦場のロシア兵がたまたま見せたにすぎないわけです。

日本人の私は、「現場で死体を見たわけではないから、そんなことが言えるのだ」と言われるかもしれません。直接の利害関係にない国とその市民は、むしろロシアに対する報復感情が必要以上に先鋭化するのを抑える役割を果たすべきだろうと考えます。戦争報道も同様です。

市民に正義があるとしたら、それはまず、できる限り公正で中庸であることです。先ほど、あえて〝幸いにも〟と申しましたが、幸いにも日本は今回、公正で中庸でいられる立ち位置にいたはずです。それなのに日本政府が早々に欧米諸国と歩調を合わせてしまったのは、日本外交としていかにも下手な判断だったと思います。戦争を終結へもっていく道筋や世界の分断を解消する道筋において、日本の選択肢を狭めてしまったからです。

もちろん仮に、日本が戦争の当事者になった場合、一人一人の市民が公正で中庸でいるのは大変難しいことでしょう。

しかし、それでも私たちは、例えば台湾有事が起きる事情をやはり従前に理解できないだろうし、市民はいつでも国家同士の思惑の外に置かれるわけですから、極めて不透明で不可思議な状況になるのはウクライナと全く同じだろうと思います。

アメリカも日本も中国が主張する「一つの中国」を否定はしていません。武力による統一を認めないと言っているだけです。となると台湾有事は中国の内戦ということになります。そこにアメリカや日本が手を出す状況を一体どう捉えたらよいのでしょうか。正義は中国にあるのか。それとも、武力交渉を許さないと言い続けていたアメリカにあるのか。

そもそも「一つの中国」であれば台湾に主権はあるのかないのか。何が正しいのか分からないままミサイルが飛び交い、自衛隊も応戦するといった状況になったとき、私たち市民はもはや公正も中庸もなく、絶望だけを抱いて、ラジオやスマホを手にシェルターでじっと息を潜めているほかないことになります。

そういえば、日本にはそのシェルターさえないのでした。政府は敵基地攻撃能力といった勇ましい話の前に、まずはシェルターの準備をしてほしいと思います。

被爆国日本が通すべきこと

私たちはウクライナ報道を通じて、まずは戦争ジャーナリズムとの付き合い方の難しさを学びました。情報を発する側、すなわち政府の側のさまざまな意図やプロパガンダによって情報にバイアスが掛かっているということに加えて、情報を伝えるメディアにも情報統制という形で圧力や制限が加わることがあります。

市民は戦争報道とは基本的にそういうものだと認識した上で情報に接する必要があるわけですが、ミサイルが飛んでくる下で、冷静な判断をするのは困難ですし、フェイクニュースに流されてパニックになるかもしれません。それを防ぐためには、日頃から社会や世界の動きに注意深く接するよう心掛ける必要があると思います。

また、何が正しいのかを簡単に決めつけない。プーチンはとんでもない独裁者ですが、悪魔ではなくて人間です。ならば、彼を孤独や恐怖に追い詰めているものがあるのだろうと推し量ることが、対話を開く第一歩になるのではないかと思います。

物事は立場が変われば見え方も変わります。情報の入手先を多様化するのは、この情報化社会ではできる限り間違わずに生き抜くために欠かせない処世術です。

そして、私たちは絶対に押し通さなければならないことがあって、日本人の場合、それはロシアによる核攻撃の危険性を排除することだと私は考えています。

ヨーロッパの人々は、ロシアの非人道性を絶対に許さないですし、プーチンと妥協することなどあり得ないと考えるために停戦交渉ができないのですが、そうしてプーチンを追い詰めて核のボタンを押させるのは人類にとってあまりに悲劇です。ここは唯一の戦争被爆国である日本が、「ＫＹ」と言われようが何と言われようが、ロシアとウクライナ双方が受け入れられるような妥協案を掲げて、断固停戦の呼び掛けをすべきではないかと考えています。

一市民の私は、このウクライナ侵攻が一体どういう戦争であったのかいまだに分からないのですが、核攻撃を回避しなければならないことは絶対に確かだからです。

本日はご清聴ありがとうございました。

第2部

パネルディスカッション

変容する戦争ジャーナリズム

～ウクライナ報道とメディア～

パネリスト

林 香里

東京大学大学院情報学環教授

立岩陽一郎

ジャーナリスト・インファクト編集長

津田大介

ジャーナリスト

パネリスト・進行役

杉田弘毅

共同通信社特別編集委員

パネルディスカッション

変容する戦争ジャーナリズム

～ウクライナ報道とメディア～

1、プレゼンテーション

司会　これより、第2部パネルディスカッションを始めさせていただきます。それでは、パネリストの皆さまをご紹介します。私がお名前をお呼びいたしますので、簡単な自己紹介をお願いします。

はじめに、東京大学大学院情報学環教授、林香里さま、お願いします。

林　林香里です。私は東京大学大学院情報学環という、昔は新聞研究所という名前だった組織でマスメディア、ジャーナリズム研究をしています。最近は、メディア一般、オンラインメディアなども研究しております。よろしくお願いします。

司会　続きまして、ジャーナリスト、インファクト編集長、立岩陽一郎さま。

立岩　よろしくお願いします。自己紹介は後で自分のパワーポイントを使って話す時に説明させていただきます。

司会　続きまして、ジャーナリスト、津田大介さま。

津田　僕の本業はジャーナリストで、ＩＴとかテクノロジー化がどう社会を変えていくのかということを中心に本を書いてきました。

僕とウクライナとの関係で言うと、２０１３年に取材でチェルノブイリ（チョルノービリ）原発に取材で入ったことがあります。

キーウから2時間くらいバスに乗るのですが、何もない荒涼とした平原が印象的だったのを覚えています。

ウクライナ侵攻があった直後、北側から侵攻してきたロシア戦車による、60キロくらいに及ぶ車列があったという報道を覚えてらっしゃる方もいると思います。まさにあれがキーウからチェルノブイリに向かう時に、自分が通った道です。キーウも歴史のあるきれいな街でした。

僕は、そういう意味でもすごくショックを受けて、侵攻が始まってから1週間ぐらいは落ち込んでいました。けれども、今ウクライナで何が起きているのかを、少なくとも報道で追い掛けることで全体の構造を把握した方がいいと思い、そこから海外の報道やツイッターをつぶさに追い掛けるようになりました。3月から約2カ月は、自分が毎日、平日にやっている「ポリタスＴＶ」というネットの報道番組でウクライナ情勢を伝えてきました。

今日は、情報戦やメディアの環境が、どのように戦争に影響を与えているかという視点で幾つか問題提起ができればと思います。よろしくお願いします。

司会　ありがとうございます。

そして本日は進行役も務めていただく共同通信社、杉田弘毅特別編集委員です。

杉田　杉田弘毅です。今日は素晴らしい３人の先生方をお招きしたパネルディスカッションの司会役を務めさせていただくことを光栄に思います。

私はいわゆる伝統的メディアの記者ですので、今日はそういった伝統的メディアの戦争取材、あるいは国際取材、あるいはジャーナリズム全体への批判の声もたくさん伺えると期待しております。ぜひ容赦なくおっしゃっていただきたい。そして、私の方もそれに対するお答えというか、反論等もさせていただいて議論を盛り上げていければと思います。どうぞよろしくお願いいたします。

司会 ここからの進行は杉田特別編集委員、よろしくお願いいたします。

杉田 はい。それでは、3人の先生方に「変容する戦争ジャーナリズム」というテーマでプレゼンテーションをお願いします。時間は、全部で2時間取っているのですが、質疑の時間をたくさん取りたいと思いますので、先生方には10分から15分くらいでプレゼンテーションをお願いしています。

それでは、まずは林先生からお願いします。

林 香里氏

国際報道における日本の立ち位置

林 先ほどメディア／ジャーナリズム研究をしていると紹介させていただきました。メディアを研究するときにはいろいろな手法があるのですが、その一つとして国際報道比較という分野があります。何か大きなイベントや事件が起きたときは、私はまず国際比較をしてみて、日本の報道がどういう立ち位置にあるのかを見るようにしてきました。

ロシアとウクライナ

- アジアにとって遠い国：それまでほぼ無関心　「ウクライナってアフリカの国ですか？」
- 「戦争」「軍事侵攻」「軍事行動」などの言葉の使い分け
- 新冷戦構造　（中国、ロシア　対　西側諸国）

図1

今回も何かできないかということで、韓国語が分かる研究者で東京大学の同僚である李美淑、中国の同済大学浙江学院のメディア研究者である章蓉、そして私の3人で、日本、韓国、中国のウクライナ戦争報道について、3カ国の公共放送、そして国営放送の比較をしてみました。まだまだ途中ですので、詳しい分析はできていないのですが、中間報告としてご覧いただければと思います。

ロシアとウクライナという国は、アジアにとってかなり遠い国ですよね（**図1**）。私の研究室には、2019年までウクライナから、そして2020年までは、ロシアからの大変優秀な学生がおりました。この2人は、日本語もとても上手なのですが、2人はいつもロシア語で話していて、とても仲が良かったんです。ウクライナの学生が、「先生、日本人ってウクライナのことを全然知らなくて。『ウクライナってアフリカの国ですか』って聞かれるのですよ」とそんな冗談を言って、みんなで笑っていました。ロシアによる軍事侵攻があるまでは、ウクライナは一般の日本人には全く縁のない国だったわけです。それは、おそらく韓国や中国にとっても同じなのではないかと思います。

戦争時の報道と政府の関係

研究の概要ですが、**図2**にある通り、NHKの「ニュースウオッチ9」、KBSの「ニュース9」、そしてCCTV「新聞聯播」と、香港のフェニックスTV「時事直通車」を取り上げております。そして、比較を行った日は、侵攻当日と翌日、そしてブチャの虐殺事件報道があった日を抽出し、重点的に分析しています。戦禍が長引き、ほかにも見るべきことは多いですが、最初の取り掛かりとしてこのような設計をしました。

　戦争が起こってから、いろいろな言葉が使われてきました。**図3**のように、3カ国では「侵攻」とか「戦争」「軍事行動」という言葉が見受けられたのですが、日韓では初めから「ロシアによる侵攻」「軍事侵攻」という言葉が前

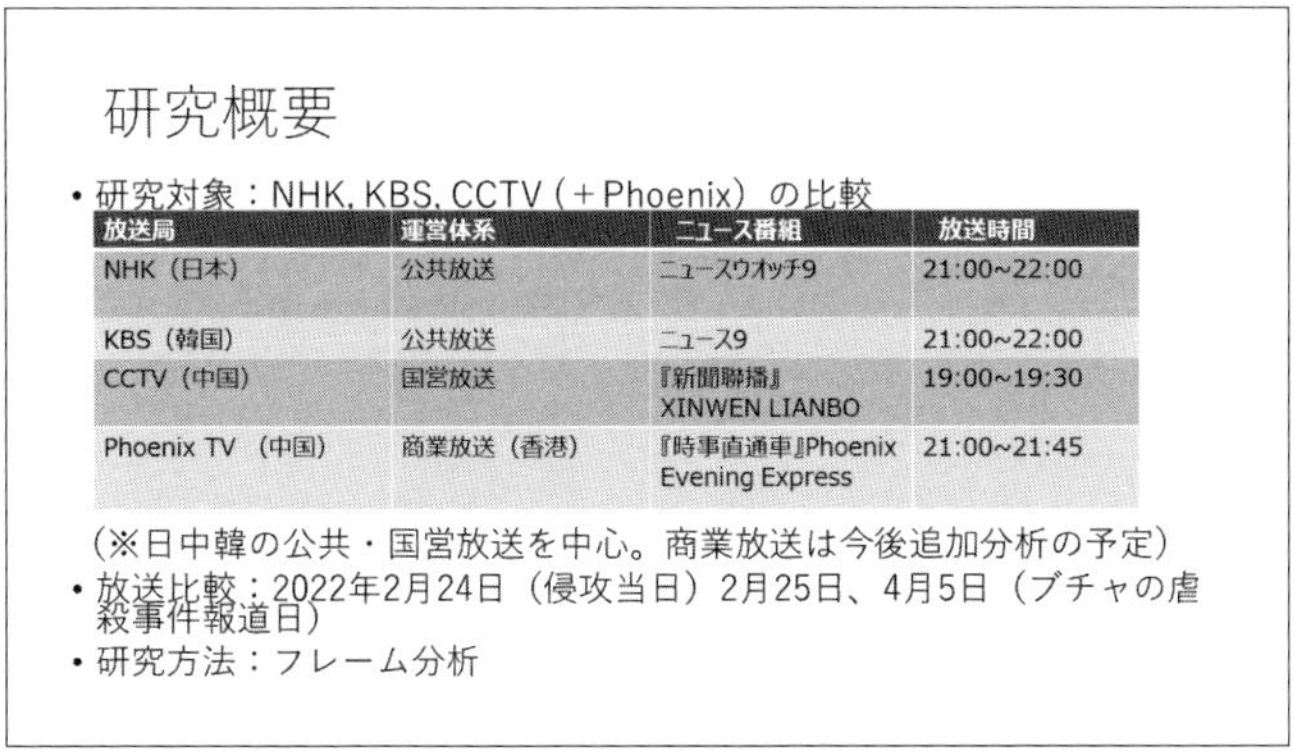

図 2

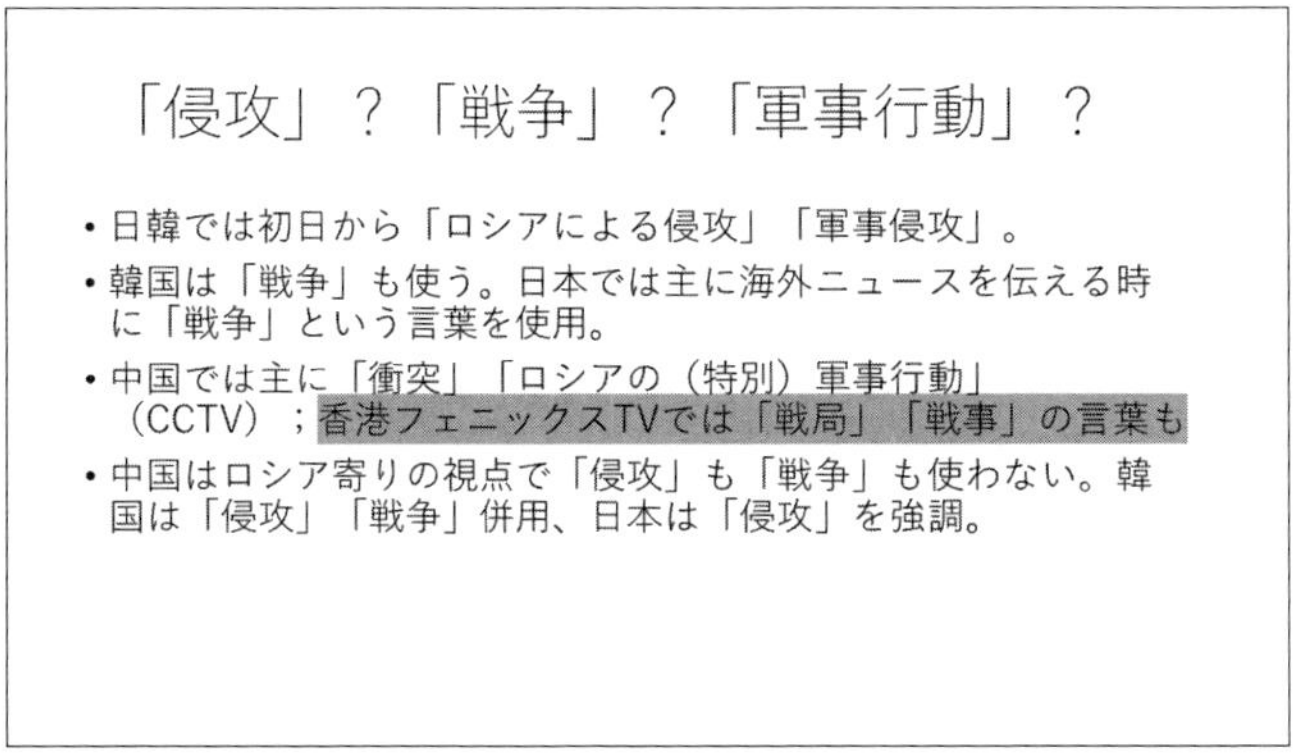

図 3

面に出ており、韓国ではたまに「戦争」という言葉も使っていました。

日本では海外ニュースを引用する際に「戦争」という言葉を使っていましたが、自らの報道では「戦争」という言葉は、少なくとも初期は使っていなかったですね。これはなぜかというのは、私もよく分からないところもありますので、この後、メディアの方から、それについてご意見を聞かせてください。

他方で、中国では主に「衝突」とか「軍事行動」という言葉を使っていましたが、フェニックスＴＶでは、「戦局」や「戦時」という言葉も使っていた。ただ、やはり中国はロシア寄りの視点で、「侵攻」も「戦争」も使わずにいました。

中国は、日本のツイッター空間でよく皮肉めいて使われる「どっちもどっち論」が優勢で、さらに「平和交渉」というフレーズをかなり前面に出した報道です（**図４**）。必ずしもロシアが全部悪いわけではないという立ち位置が強いですね。アメリカと北大西洋条約機構（ＮＡＴＯ）がロシアの安全保障上の懸念を無視して約束を破ったことが、ロシアを挑発した。そして、ドンバス地域ではロシア系住民が虐殺され、ウクライナのナチ化も原因の一つだとして、最終的には悪のアメリカ、そしてその連合であるＮＡＴＯという構図がかなり鮮明に強調されているということです。

そして、ここがまた日本や韓国と違うところですが、いわゆる「第三世界」の人がコメンテーターになっている。**図４**に一つ写真がありますけれども、こういう方がコメンテーターとして出てくるということが、中国のテレビの特徴でした。

最近は日本でもロシア兵士の声とか出てきていますが、こちらも中国では当初から出ています。

日韓、特に日本では、ロシアの行為を批判するバイデン大統領をはじめ、西洋中心の政治家のカットが用いられ、さらにウクライナ市民の声も用いて、善悪の構図をかなりはっきりと打ち出していた。

そして、日本ではＮＨＫのメインアンカーが「私の声」を持っているという点がかなり目立っていましたね（**図5**）。２０２２年2月24日の放送で「私にはロシアが周到に仕掛けた動きにしか見えません」ということをメインアンカーが言う。あるいは25日は「今回の武力侵攻の理不尽さに憤りを感じます」と感情的なコメントをしていることも特徴的です。私たちはＮＨＫのイメージとして、事実と意見を分

中国：どっちもどっち＋「平和」交渉

- 米国とNATOはロシアの安全保障上の懸念を無視し、約束を何度も破り、軍事部署を東に進め続けたため、ロシアを挑発した。
- ドンバス地域ではロシア系住民が虐殺され、ウクライナのナチ化も原因の一つである（フェニックスTV））
- 第三世界（ケニア、ザンビア、ガボン、ルワンダなどのアフリカ諸国、およびネパール、ミャンマー、アフガニスタン、ペルー、キューバなどのアジア、中南米諸国）を含む「国際社会」の識者らのコメントを引用。
- フェニックスTVは捕虜になったロシア兵士の声を紹介。
- 対話による平和交渉の必要性⇒NATO（あるいは米国とEU）は、ウクライナとロシア、とくにロシアと対話を行うべき。
- 西洋や米国の軍事支援がむしろ問題。「悪のアメリカ／NATO」

（ケニア・アメリカ国際大学アフリカ公共政策専門家）

図 4

日本：「悪」のロシア

- 日韓では、ロシアの行為を批判するバイデン米大統領をはじめ、西洋中心の政治家やウクライナ市民の声を用いる形で、「善悪」構図（エピソードなど情緒的な側面あり）を強調。
- 日本ではメインアンカーが、「私」の声をもってより直接的に評価する形。

2月 24日、NHK：「ロシアは理由があると主張するのでしょうが、**私にはロシアが周到に仕掛けた動きにしか見えません。**軍事侵攻では必ず大勢の犠牲者が出ます。いかなる理由があっても戦争には反対です。このあと岸田総理大臣が出席してG7の首脳会議が開かれますが軍事力の行使を決して許さず、戦闘の即時停止に強い対応を打ち出さなければなりません」

2月25日、NHK：「先程ありました地下壕に避難した女の子が泣きながら死にたくないと話していた映像、**今回の武力侵攻の理不尽さに憤りを感じます。**国際社会はこの暴挙一日も早く止めなければなりません」

→　事実と評価の切り分け？

図 5

韓国：米国との同盟関係／経済

- アメリカとの同盟関係を基本に対応するとのコメントを紹介する程度。（政府の立場の代弁）
- 記者やアンカーなどの主観的なメッセージはみえないが、**韓国の経済への影響**に対しては主観的な憂慮を表明。
- 戦争の悲惨さに対しては主観的な判断より、描写的な伝え方。（間接的な描写や引用による、「悪」としてのロシア）

- 2月24日
- アンカー　「状況がこのようになると、原油をはじめとする原材料の輸入は正常になるのか、韓国経済の支えである輸出はきちんとできるのか**心配な部分が多い**のです」
- 2月25日
- アンカー（トップニュース）「プーチンの砲弾がウクライナを締め付けています。幼い娘は避難に出て、お父さんは軍に合流して戦う準備をします。再び会う日を約束し、娘と父はこらえた涙を流します…普通の人々の日常が崩れています」（ウクライナ市民の様子）

図 6

けるとか、冷静なイメージを持っているのですが、ウクライナ戦争開戦のニュースに限っては、そうではなかったと見ています。

これに対して、韓国は日本ほど感情的なコメントはなかったのですが、韓国の経済への影響について心配な部分が多いという話がありました（P43図６）。

図７

図８

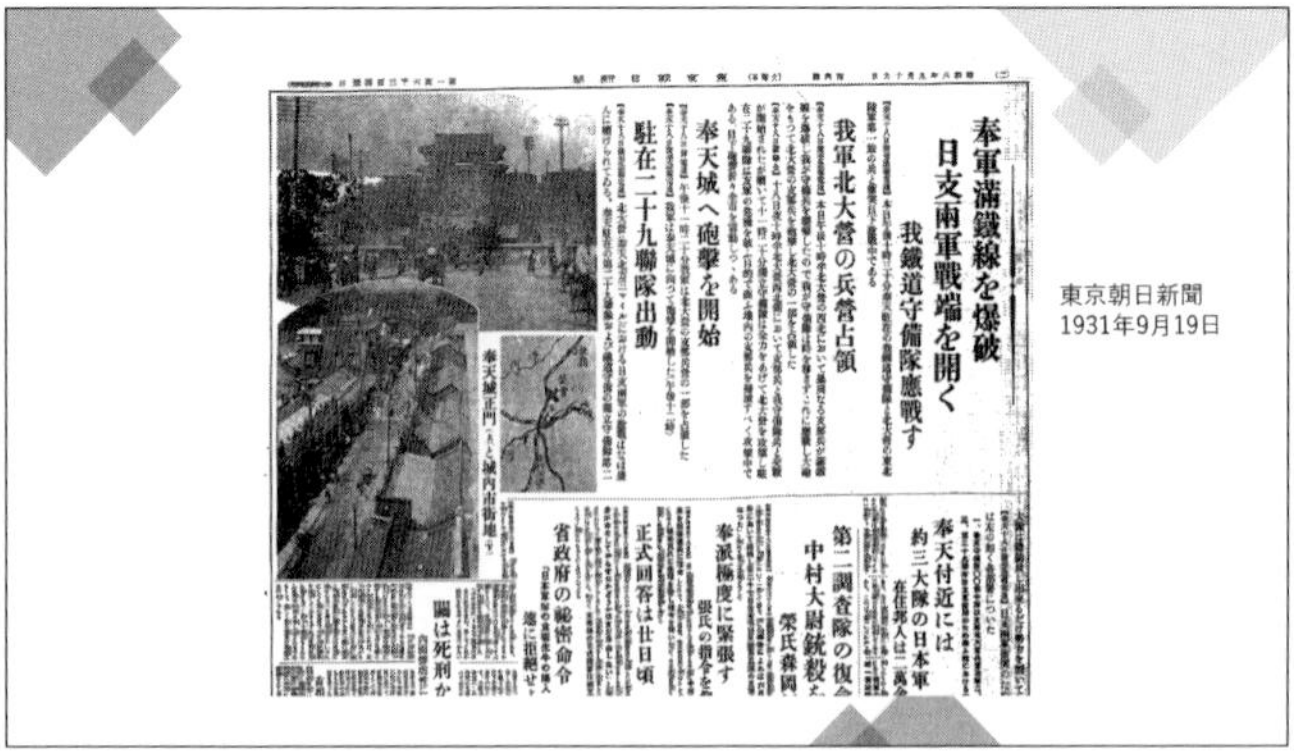

図９

最後に、報道姿勢についての話がかなり強かった（**図7**）。メディア研究の分野で、米国のベトナム戦争時のメディア報道を調査した「ザ〝アンセンサド・ワー〟ザ・メディア・アンド・ベトナム」という有名な本があるのですが、そこでは「スフィア・オブ・コンセンサス」と「スフィア・オブ・レジティメイト・コントロバーシー」という概念が使われているのですが、まさに今回もそれが当てはまります。どういうことかというと、一見、戦争報道には論争があるように見えても、それはある一定のコンセンサスに則った範囲での論争でしかなく、そして論争があるとしても、それは国の中で正当性を付与された範囲での論争でしかない。今回の「ロシアによるウクライナ侵攻」報道もそういうことだったと思います。

今回の報道では、報道者側の観察者としてのバランスとか、ジャーナリストとしての独立とか、そういうことが割と守られていない、とは思いました。もう少し正確に調べる必要がありますが、政府の外交戦略や西側の歩調を合わせて、新冷戦を強調し、報道が緊張や葛藤を高めている面もあるのではないかと考えています。

歴史的には、戦争はこのようにして金儲けもしたことも記憶しておく必要があります。例えば19世紀末の「ニューヨーク・ワールド」（**図8**）。１８９８年、米西戦争開戦の時にフェイクニュースを売って、Ｊ・ピュリツァーは大もうけをして、そこからジャーナリスト・スクールもつくり、ピュリツァー賞もつくったのですよね。

先ほど高村さんがおっしゃっていたような満州事変時も、戦争をあおって、結局、第2次世界大戦へ悲劇を拡大させるきっかけをつくった（**図9**）。

今回、日本の場合は、戦争について非当事者だったのですが、西側諸国の「味方」となって報道していたということ。**図7**は、朝日新聞の例ですけれども、バイデン大統領が見出しに取られているというような状況があります。報道が政府から独立しているのかと問うと、今回の場合も難しいと思います。私からは以上です。

杉田　ありがとうございました。ウクライナ戦争報道の各国比較の分析、大変興味深く伺いました。続いて、立岩さん、お願いします。

立岩陽一郎氏

どんな立場でも事実を確認

立岩　自己紹介しますね（図10）。私は「インファクト」という自分のメディアをやっているんですが、昔はＮＨＫにいて、プロパガンダに加担した過去があります。自衛隊と一緒にイラクに行って取材をしたほか、１９９５年の台湾海峡危機の時は、米軍の空母に乗って台湾海峡にいました。私自身は社会部の記者でしたが、紛争地帯といえる場所を取材してきたという過去があります。

今日、私がここに呼ばれている理由は、「ファクトチェック」の絡みだと思います。ファクトチェックとは、つまり「事実を確認しましょう」「根拠を明示しましょう」「立ち位置では判断しない」「党派性を無視して事実を見ましょう」、こういうことです（図11）。

最近の例でいうと、銃撃事件で亡くなった安倍晋三元首相の国葬を巡るファクトチェックを我々が行いました（図12）。石破茂衆院議員が、「イギリスでは女王の国葬でさえ議会で決議をしている」と言った。これについて、我々がイギリスの議会に確認したところ、そうした事実はなかったわけです。そうすると、「あなたは、テレビで国葬反対していたじゃないか、何でこんな記事を出すんだ」と言われるのですが、まさにファクトチェックというのは、立ち位置は関係ないのです。どんな立場であろうが事実を確認することが大事です。

国際報道そのものの持つ問題が、今回議論になってくると思うので、①から⑤まで説明します（図

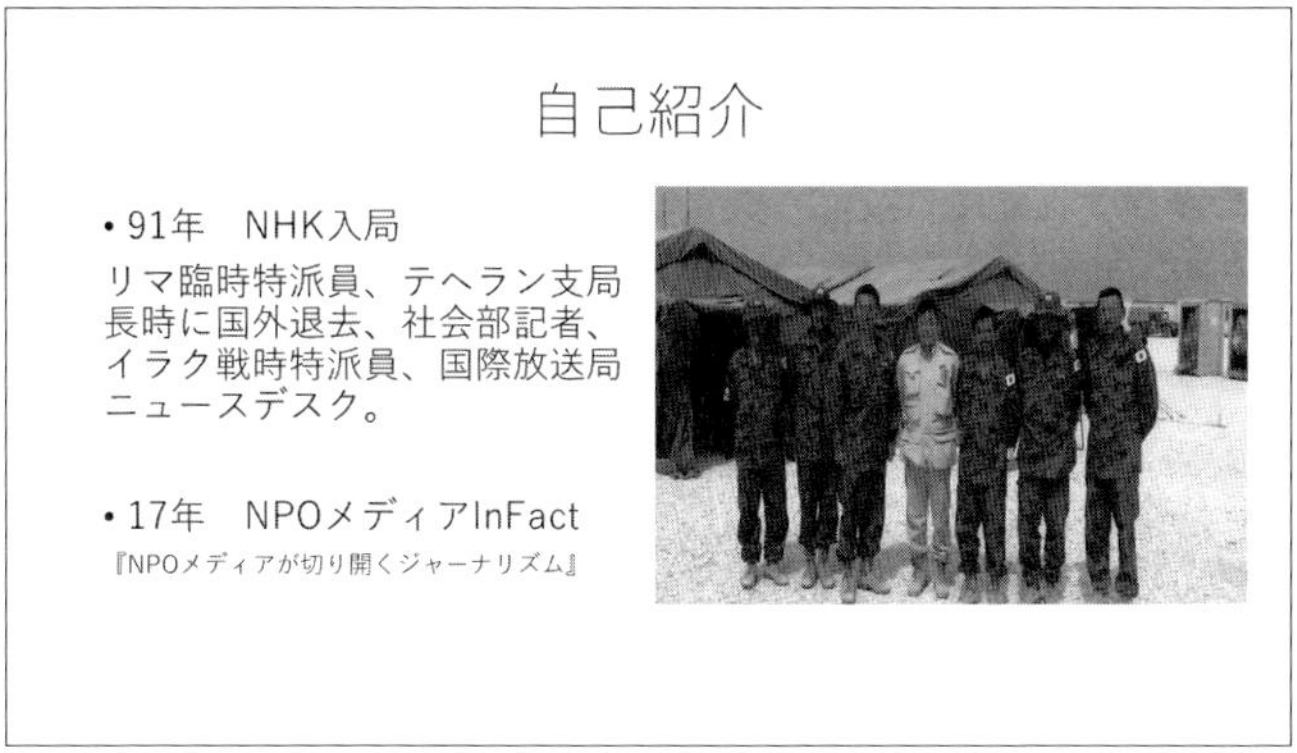

図10

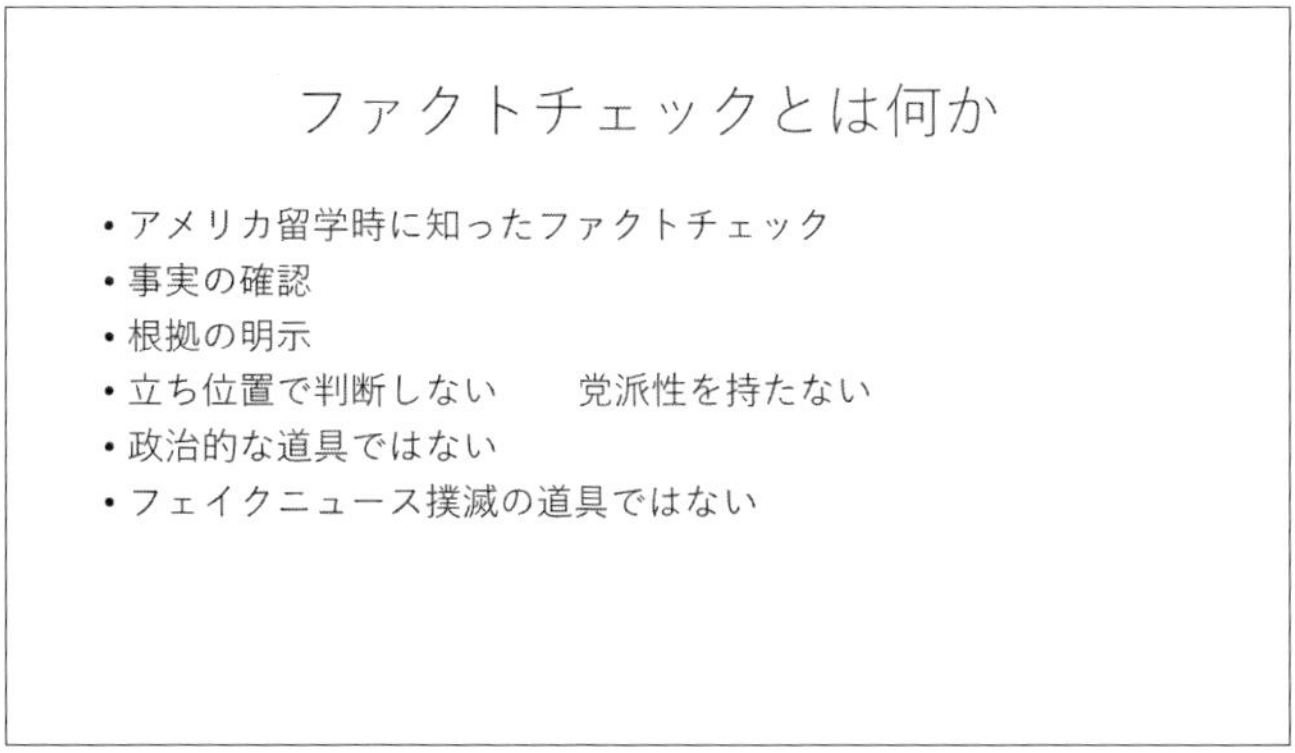

図11

図12

13）。

国際報道というのは視聴率が悪い。だから、分かりやすくしなければいけないという考えがある。私はイランの特派員をしていましたが、正義対悪とか、右派対左派、守旧派対改革派、こんな簡単に一つの国を分断することはできないのですが、単純化をしないと視聴者が付いてきてくれないという問題があります。視聴者の責任にはしませんが、そういう神話が我々メディアの中にはあるので、どうしても引きずってしまう。

経験的国際報道の問題点

①わかりやすさを追求するための単純化
正義vs悪、右派vs左派、守旧派vs改革派

②現地でわからないことを現地から話す問題

③「関係筋」報道の危うさ　根拠不明な情報

④形式的「独自取材」へのこだわり

⑤「絵」に引きずられる　特にテレビ報道

図13

CNNのゼレンスキー大統領単独インタ（3月3日）

• For a long time, you downplayed the US intelligence assessments about there being an imminent Russian attack, do you now regret that? Do you think the fact that you didn't act earlier has left the people of Ukraine unprepared?

図14

日本のメディアの問題は幾つかありますが、一つは現地で分からないことを、さも現地で取材したように話すというのは顕著な例です。

例えば、ロイター通信が報道した内容を東京でチェックし、それを現地にいた記者に原稿で送って、あたかも現地で取材したように報道する。しかし、現地で報道している記者は、確認もしてないわけで

すね。ただ東京から送ってきた原稿を読んで、さも自分が取材したように報道してしまう。

もう一つ言いますと、今日は記者の方も多くいると思いますが、日本の国際報道というのは、「関係筋」という訳の分からない主語がやたら出てくる。実は存在さえしない可能性が極めて高いけれども、何か独自的な報道にこだわる時に、常に「関係筋」というえたいの知れない主語が出てきて、それが事実のように報道する。これは、日本の報道に極めて顕著だということは言っておかなければいけない。

それが④「独自取材」へのこだわりということにつながりますが、もう一つは、既に言われていますけれど、テレビ報道だと特に「絵」に引きずられるわけです。ですから、激しい映像があれば当然トップニュースになるということは、今のテレビ報道では当然のように言われているわけですね。

例えばこういう事例は皆さんご存じでしょうか。

ＣＮＮは今回極めて大量の取材班を現地に送って、戦端が開かれた当初から現地を取材しています。この人（**図14**写真左端）は元ロシア特派員ですけれども、彼が象徴的だったのは、戦端のウクライナで取材をしていて、ウクライナの軍人かと思って「ロシア軍がどこから来たのか」と尋ねたら、「俺たちはロシア軍だ」と答えたという衝撃的な映像が流れたくらい。

彼は、ゼレンスキー大統領が最初地下にいた頃に、単独インタビューを行っているのですが、何を聞いたかというと、「アメリカの情報機関からこれだけロシアが侵攻すると言われてきたのに、何であなたは対応しなかったのか」と質問をしているわけです（**図14**）。これは、実はいまだに謎なんです。こういうものを素通りしたままの報道がまだ続いているということは、我々は知らなきゃいけない。

もう一つ、日本の報道機関がこだわり過ぎているのが独自性ですよね。それは他社との連携を否定する。ＣＮＮが、ニューヨーク・タイムズの記者を出して、爆発現場があった場所から報道する。ＣＮＮは私が計算しただけでも４クルーが現地に入っていますが、それでも、その場にいた他の新聞社の記者を出して報道する（図15）。

そういう複眼的な視点というのを、既にアメリカのメディアは普通に取り入れているわけですが、どうしても日本はそれをやらない。だから、バイアスがかかってくるという余地も当然あるでしょう。

図15

情報戦で光るフリーランスの取材

私は、今回フリーランスの取材というのが光ったと思っています（図16）。私のNHK時代の同僚で今フリーランスになっている新田義貴君がウクライナに行ったので、記事を書いてもらったんです。

一番驚いたのは、日本のメディアの多くは最初にリビウに入って、あたかもリビウも戦場のように報道していた。彼も当然リビウに行くわけですが、そこに何があったか。プレスセンターがあった。そこでウクライナ政府がプレスパスを発行し、場合によっては通訳も付けて取材の便宜を図っているということが、彼が取材に行った段階であった。こういうことも含めて、我々は知らないことが多い。

これはすなわち、情報戦の一つでしょう。これがいいとも悪いとも私は判断できないけれども、少なくとも〝行われていた〟ということは、我々は知った方がいい。

私は今、アメリカの大統領の発言を、ずっとチェックしています（図17）。当初アメリカは、「プーチンを絶対に許さない」という姿勢だった。これは、アメリカの大統領の発言でも分かったわけですね。「ゴー・ゲット・ヒム（編注「やつを捕まえろ」）」なんて言ったりしたわけです。

ところが、10月11日のCNNインタビューでは「プーチン政権を維持する」と言ったので、アメリカは方針を転換したと言ってよいでしょう。そう簡単にプーチン政権は倒れないという前提で方針を転換したのだろうということが分かる。こういう大統領の発言などを精緻に見ていくということも、日本のメディアはあまりやってないのは、我々は肝に銘じなければいけない。

　もう一つだけ言いますと、バイデン大統領がヨーロッパに行った時に、彼はポーランドに行っています。ポーランドに行ったことは報道されているのですが、このポーラン

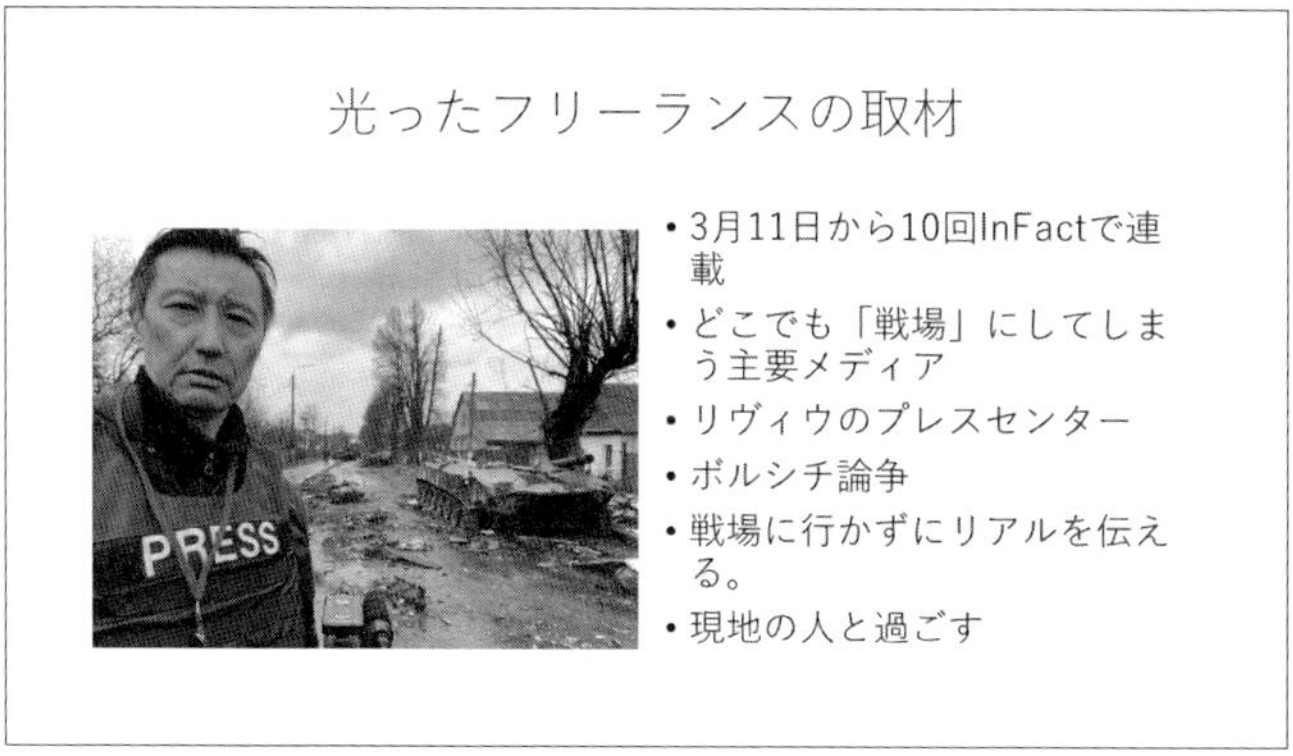

図16

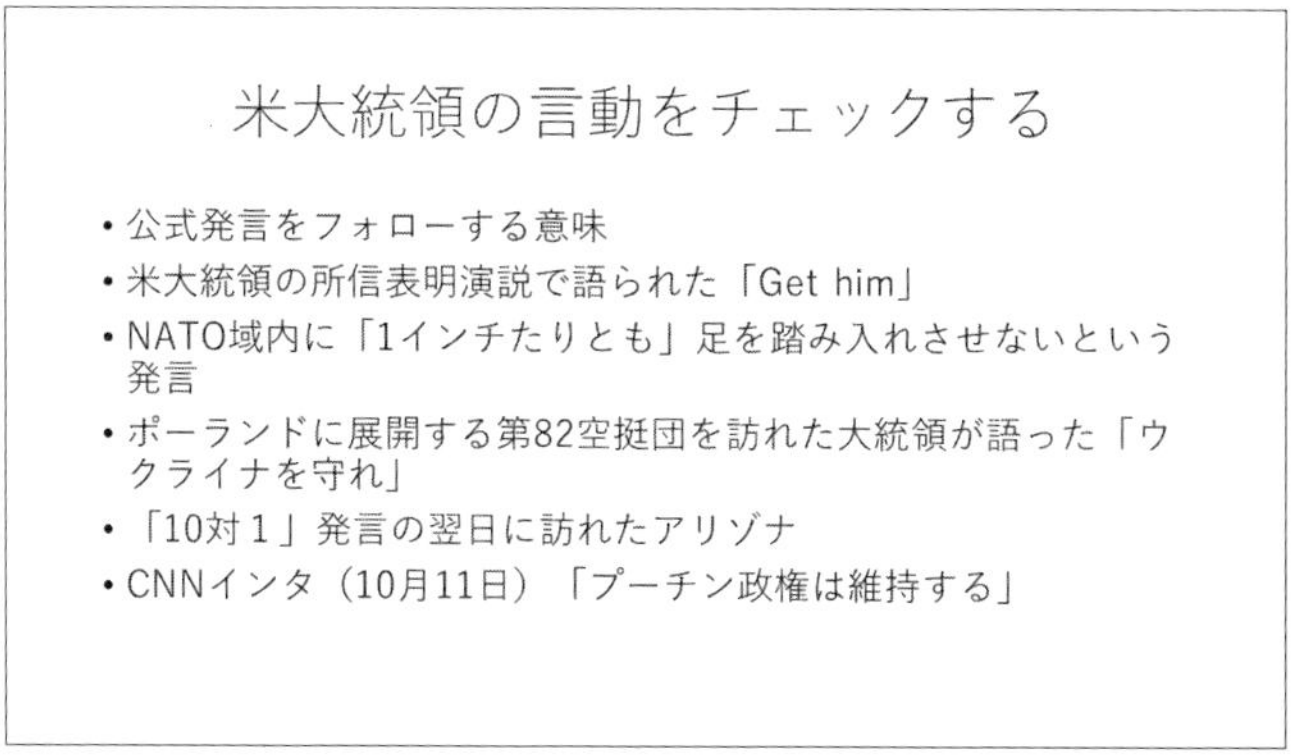

図17

ドで、彼はアメリカ軍を激励に行っている。このアメリカ軍は何かというと、第82空挺師団《くうていしだん》。これは、彼らノルマンディー上陸作戦の時にナチスの背後に降下した強襲部隊です。これがポーランドにいて、彼らに「ウクライナを守れ」と言ったわけです。

バイデン大統領は公式な発言では、ウクライナがＮＡＴＯに入ってきたときにアメリカ軍は防衛すると言っているけれども、しかしポーランドにいる第82空挺師団に対して「ウクライナを守れ」と言っているということは、プーチン大統領が、これはウクライナに米軍が入って来ることを懸念したとしてもおかしくはない。

もう一つだけ言います。バイデン大統領はその後に「10対1」という発言をしています。「10対1」とは何かというと、いわゆるジャベリンという鋼製の対戦車ミサイルをアメリカが供与していますが、ロシアの戦車1に対して、10のジャベリンがそのロシア軍の戦車に向かっている、と。つまり、それだけの武器供与をしているということです。

先ほどの髙村さんの話と符合するのは、ウクライナ軍が頑張っている姿は絶対出てこない。だけど、ウクライナ軍は、実はかなり強いと思います。強い、弱いと言うと語弊がありますが、我々が思っているほど弱者ではないということは、実はアメリカの大統領の発言から見えてきます。そういうことを含めて、我々は、情報はたくさんあるけれども、事実をあまり知らないということを痛感している次第です。以上です。

杉田　ありがとうございました。戦争報道の内側の話をしていただきました。この後、こういった面も議論していきたいと思います。それでは、津田さん、よろしくお願いします。

環境の変化で肉弾戦と情報戦が逆転

津田　先ほど髙村さんから「戦争が終わらないのではないか」、あるいは「情報戦自体は昔から戦争の一部である」というお話がありました。それに補足をすると、情報戦とは政治や外交が主導するものです。ウクライナ侵攻を含む現代の戦争までは軍事的な肉弾戦に対して、それをフォローする目的で、情報戦が行われていた。しかしいまは情報戦こそが戦争の趨勢《すうせい》を大きく左右する。現代の戦争では両者が逆転している。

　現代の戦争では、必ずしも敵のせん滅が目的になっていない。では、今のプーチンの目的は何か。東部やあるいは強制併合した南部の住民に、ロシアが発信する政治的なナラティブ（編注　語り、物語）に同意させること――これが最終目標になっている。もちろんウクライナ侵攻では現実に殺し合いも起きていますが、そういった具体的な軍事衝突が、政治や外交、情報戦に劣後するという状況になっている。このことを踏まえて戦争を語ることが重要です。

津田大介氏

　今日は幾つか資料を持ってきました。この資料を見れば分かるように、ここ10年で情報環境は大きく変わりました。Ｐ54**図18**は日本の状況ですけれども、今我々は当たり前のようにスマホを使っていますよね。でも、スマホが爆発的に普及したのは、たかだかここ10年の話です。

　例えば、東日本大震災の時にスマートフォンの契約

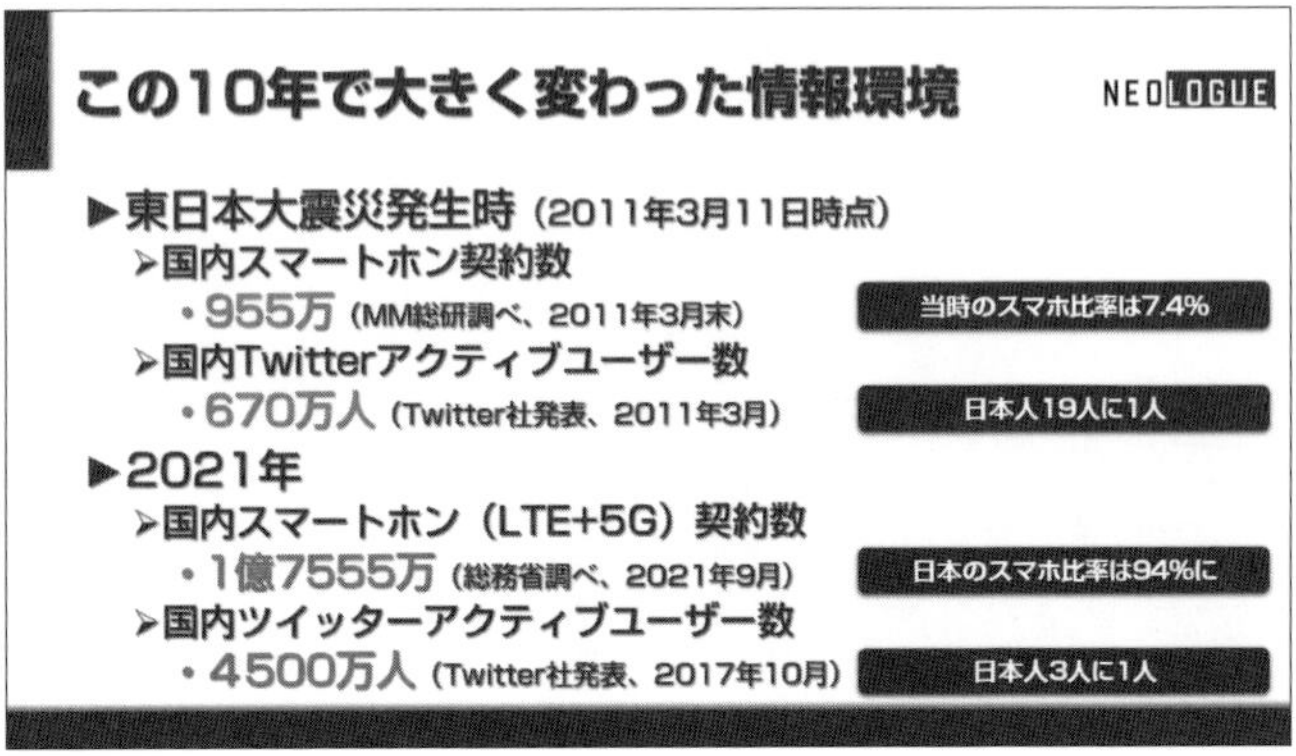

図18

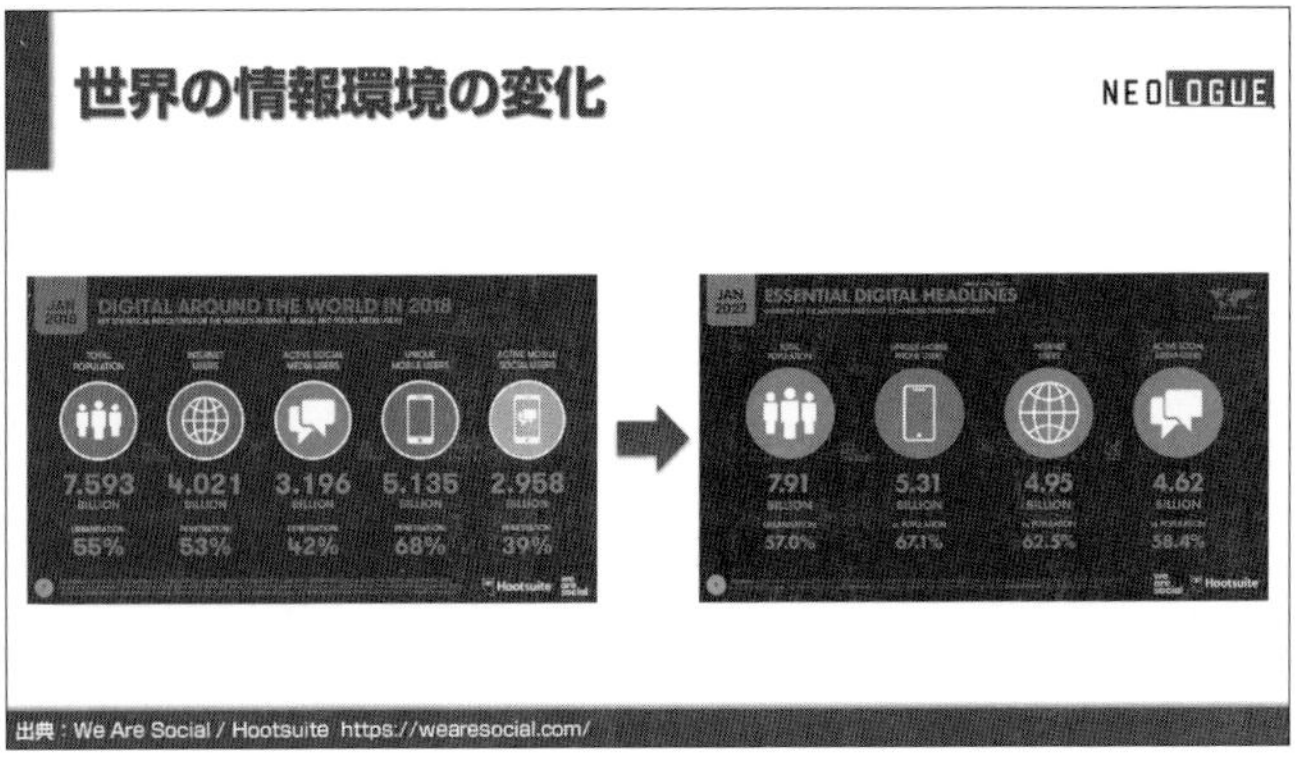

図19

は955万、ツイッターのアクティブユーザーも670万だったのが、今はどうなっているのかというと、もう1億を超えているわけですよね。そしてツイッターのユーザーも4500万人。

つまり、10年前はスマホなんて使っている人は、10%もいなかった。ツイッターも19人に1人しか使ってなかったけれども、今はほぼ全ての人がスマホを使っている。ツイッターも日本人の3人に1人が日常的に使うようになったということです。

世界の情報環境を見ても、これもたかだか5年でソーシャルメディア（SNS）の利用者がすごく増えてきているわけです（**図19**）。この情報環境の変化が極めて現代的な戦争、ウクライナ侵攻でも猛威を振るっています。

これは、ここ10年くらいの変化で、いわゆる情報環境の変化が政治体制に影響を与えた嚆矢《こうし》になったのは、アラブの春、香港では雨傘革命でした。あるいは、ハラスメントの告発のような形で「#MeToo（ミートゥー）」も出てきました。ＳＮＳの情報と流通環境が爆発的に普及したことが、さまざまな政治や経済、あるいは社会問題に影響を与えるようになりました。

プロパガンダのターゲットはどこか

Ｐ56図20は、ソーシャルメディア上のインテリジェンスを分析している人のツイッターに投稿されたものです。

これは何かというと、ロシアがツイッター上でどのように情報戦を展開しているのか、その対象を可視化したものです。「ロシアのプロパガンダなんて見てれば分かるよ」という方はたぶんこの中にもたくさんいらっしゃると思うのですが、これを見ると、実はそうやって見破れる方っていうのはターゲットになっていないという話です。

彼らがメインのターゲットにしているのは、実は欧米諸国じゃない。実はロシアのプロパガンダの最大のターゲットはインドなんですよね。その次にパキスタン、イラン、南アフリカがターゲットになっている。さらにはインドでは、モディ首相が所属しているＢＪＰというインド人民党の支持層を意識的に狙っているといわれています。

このインド人民党というのは一言でいうと、ヒンドゥー至上主義者で、近年は穏健的になっていると言いつつも、かなり暴力的な党です。そういうところにロシアのプロパガンダは親和性が高いだろうということがいわれている。

そして、これがどういうふうに国際世論に影響しているのかというのを可視化したのが、この調査結

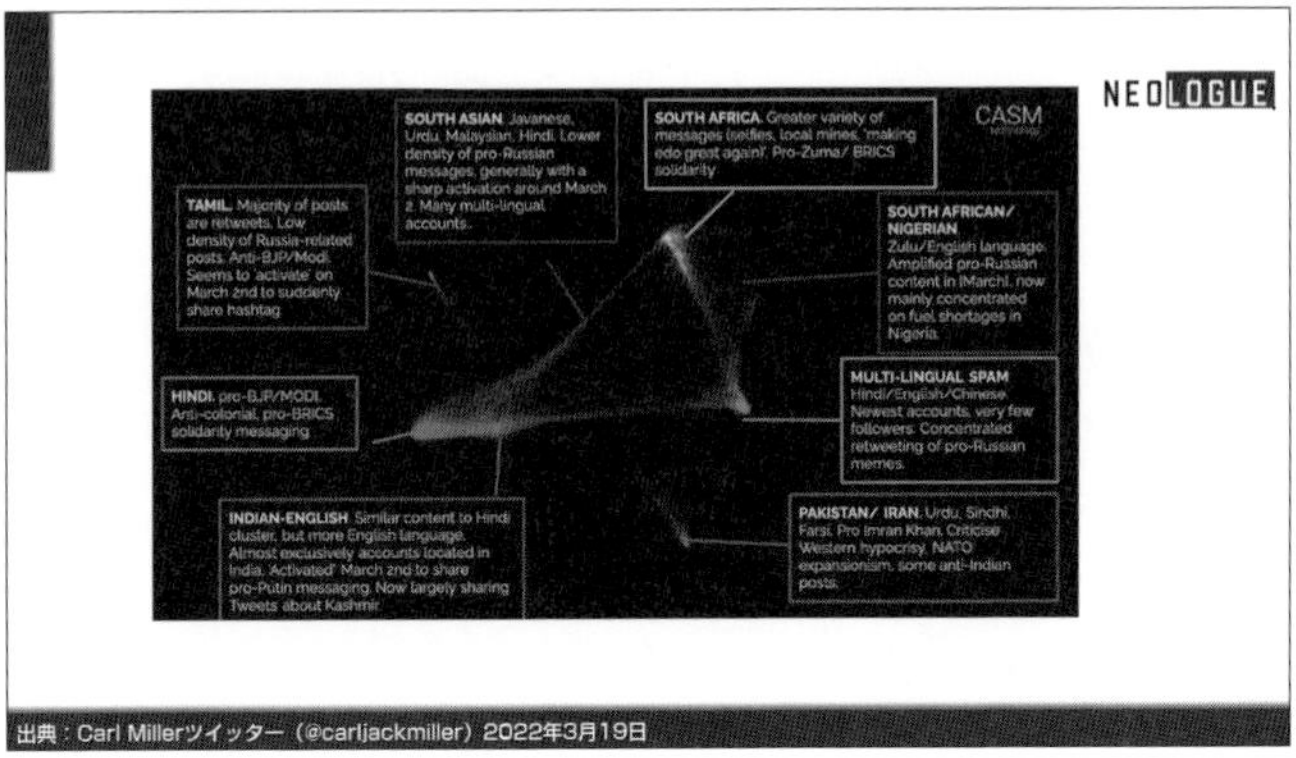

出典：Carl Millerツイッター（@carljackmiller）2022年3月19日

図20

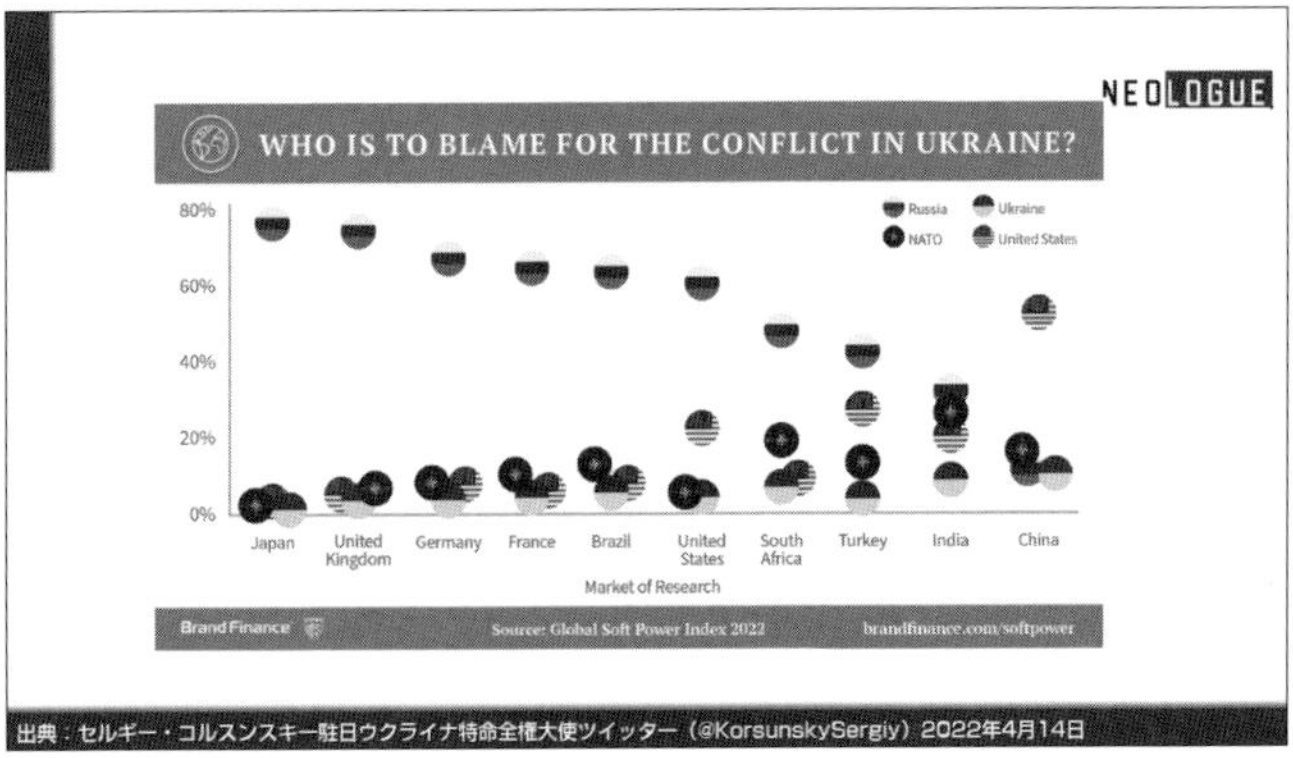

出典：セルギー・コルスンスキー駐日ウクライナ特命全権大使ツイッター（@KorsunskySergiy）2022年4月14日

図21

果です（図21）。これは非常に面白くて、要するにウクライナ侵攻でどの国が責められるべきか、ということを国ごとの意識調査ではっきりさせたものです。

　これを見ると分かりますよね。日本はすごく極端です。8割近くが「ロシアが責められるべきだ」と言っています。

　この右上のアイコンで見ると、NATOとウクライナとアメリカというのがあって、日本はNATOには責任ない、ウクライナに責任はない、アメリカにも責任はない、と言っているのですが、グラフの右に書かれている国にいくに従って、責任の所在が違う。中国では、6割がウクライナ侵攻の原因はアメリカにあると言っている。

　これを見ていただくと、さっきの情報戦の対象である南アフリカとかインドは、かなり「ロシアだけじゃなくてNATOとアメリカも悪いのではないか」という世論になっていますよね。

これは、報道環境や情報戦の環境によって、実は国ごとの世論がこれぐらい変わってくるというのを示す、非常に分かりやすい例でもあるのかなと思います。我々はそういう環境で生きているということを、まず理解した方がいいでしょう。

また、日本はなぜこんなに極端なのかというと、日本も情報戦の攻撃の対象になっているからですよね。ウクライナ侵攻が起きた直後に、陰謀論的にプーチンを支持するようなユーチューブの動画がたくさん流れて拡散しました。実は、そういう人たちは、いわゆる反ワクチン的な言説を流す人と非常に層が被っていたということも東京大の鳥海不二夫教授の検証結果などで分かってきています。

それだけではなくて、やはり日本でも、ロシア自身が親ロシア派の世論工作を行った、今も行われているという報道があります。ですから、我々がソーシャルメディア上で接している情報は、既に世論工作済みのものであるということを頭に入れた上で、眉に唾を付けながら見ないと非常に危険な状況になってきている、ということは言えると思いますね。

情報があぶりだす戦争犯罪の証拠

他方で、あらゆる情報が公開される時代になってきた。とりわけ、衛星の映像ですよね。衛星の映像はなかなかうそをつけない。超精密な衛星から撮った映像で、どの死体がどの角度で寝ているのかを検証することができる。ブチャの映像も検証することができる。これによって、かつてないほどに、ロシアの戦争犯罪の証拠がたくさん集まっている。そういう新しい戦争でもあります。

この間、あるパネルディスカッションでご一緒した森本敏元防衛大臣が「公開型の抑止ということが新しく生まれている」というお話をされていました。それは、衛星の情報でロシア軍がどの辺にいるの

出典：ITmedia 2022年3月25日

図22

出典：日本経済新聞電子版 2022年3月19日

図23

かということが全部分かっているので、そうすると、居場所を丸裸にされてしまうこと自体が抑止につながるそうなんです。こんなこととかつての戦争ではなかった。テクノロジーが新たな抑止力を生み出している。

　でもこれ、メディアにとっては厄介な問題ですよね。なぜかと言うと、情報を取材して公開するということ自体が、報道の使命であり、仕事なわけですが、それをすること自体が、軍事的な抑止に加担することと表裏一体になるわけだから。

　ソーシャルメディアと戦争が結び付いてしまったが故に、報道機関は望むと望まざるとにかかわらずプレーヤーとして戦線の一員として参加せざるを得なくなる。そういう時代になってきているということとも言えると思います。

ウクライナがなぜここまで善戦しているのかと言うと、ウクライナは東ヨーロッパの中でもＩＴ大国です。民間人だとなかなか攻撃がしづらいというところもあって、ウクライナ市民がＳＮＳ抵抗戦という形で、普通に街を歩いているように見せかけて、ロシア軍がいたらそれをスマホで撮って、位置情報を軍に送ることも行われている。だから、市民と軍人の境界線がなくなってきている。これも現代的な戦争であることがよく分かるのですが、でもそれはやはり脆弱《ぜいじゃく》性もある。

いろいろ現代的なエピソードがある中ですごいなと思ったのが、ウクライナでは戦闘が起きて、ロシア兵の死体があると、それを写真に撮る。ロシアではフェイスブックなどのＳＮＳが普及していますから、プロフィル写真が見られるんですよね。それにＡＩ技術を使ってマッチングさせると、この死体のロシア兵は誰なのかという身元が高い確率で分かる（図22）。

そうすると、フェイスブック経由で連絡もできるので、亡くなった兵士の親に「あなたの息子さんはこんな無残な死に方をしましたよ」と連絡することで、ロシアの世論を揺さぶろうとしている。そんなことをウクライナがしているというニュースもありました。

ウクライナがなぜこれだけ情報戦で戦えているかというと、司令塔の存在が大きいですね（図23）。ウクライナの副首相兼デジタル転換相ミハイロ・フョードロフさんは、まだ31歳と非常に若いです。台湾でいうオードリー・タンさんのような存在ですが、彼は、日本で言えばかつての堀江貴文さんのようなＩＴ起業家として名をはせた後、国家の主要な地位で司令塔となって、情報戦を誘導しています。これが、ウクライナが情報戦でもロシアに負けない一つの要因になっています。

切り取られた情報の危うさ

この後、話に出るかもしれないですが、ＳＮＳの公開情報を分析するオシント（オープン・ソース・インテリジェンス）に注目が集まっています。

氷山の一角という言葉がありますが、情報技術が発達したことで、表面化された情報の一部を切り取って伝えることが可能になった（**図24**）。例えば**図25**で見ると、めちゃくちゃお客さんがたくさん入っているライブ会場に見えますが、**図26**のように引いて見ると全然印象が違いますね。でもこれ、捏造《ねつぞう》じゃないですよね。ファクトチェックしたら、どちらもファクトなのですが、どこを切り取るかで、我々が受ける印象が全然違ってきてしまう。当然、お互いにとって、ロシアもウクライナも都合の良い状況を流して、全体像というのがなかなか見えない。こういう印象操作が、ＳＮＳで簡単にできるようになっている。

例えば、こういうことはまさに沖縄でも行われていますよね（Ｐ62**図27**）。最近、話題になりましたけれども、こういった沖縄の抗議活動、座り込みに対して一部を切り取って、非常に暴力的な人たちだ、というような情報がユーチューブにあふれています。

けれども、これはむしろ取材する側が侮辱したり、どんどんあおりにいったりしている。あおって、「おまえ、撮影やめろ」と言われたところをユーチューブで流して、偏見を植え付けるようなことが日常的に行われているとも報道されました。

Ｐ62**図28**はデヴィッド・スーターという人が描いた１９８０年代の有名な風刺絵です。現実には左の人が右の人に殺されそうになっているのだけれども、メディアが一部を切り取ると、左の人が右の人を殺そうとしているように見える。これがマスコミだ、という絵です。

このように、１９８０年代にテレビはこれぐらいの影響力があるといわれていましたが、今の時代の我々はスマホでこれができるようになった。

さらには、情報戦として、個人のスマホで戦争に参加することもできるようになっていて、実際それが戦況を揺るがすような大きな影響力を持っている。そんな時代を生きている。

図24

Photo by hildgrim (CC BY-SA 2.0)

図25

Photo by hildgrim (CC BY-SA 2.0)

図26

図27

図28

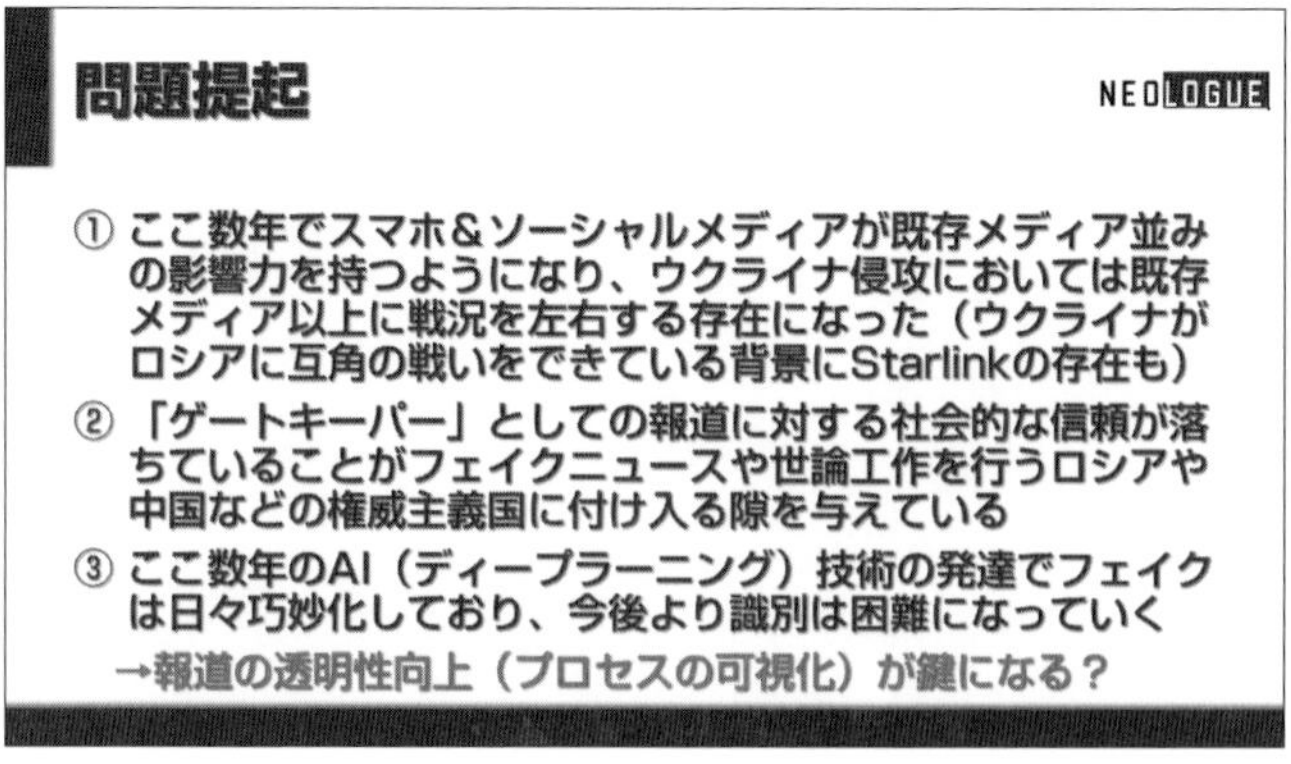

図29

これが最後のスライドです（図29）。ここ数年でスマホ、ソーシャルメディアが既存メディア並みの影響力を持つようになりました。戦争報道について言えば、もう既存のメディアを超えている、と言ってもいいと思います。ウクライナ侵攻においては、既存メディア以上に戦況を左右する存在になり、そしてまた、今日では「スターリンク」「イーロン・マスク」という存在をどう捉えるか、という問題もあると思います。

そしてまた、ゲートキーパー（編注　ニュースを取捨選択する者・組織）としての報道に対する社会的な信頼が落ちていることが、フェイクニュースとか世論工作を行うロシアや中国などの権威主義国に付け入る隙を与えている。

さらには、ＡＩ技術などがどんどん巧妙化しているので、よりフェイクの識別が困難になっていく。やはり報道の透明性向上や、あるいは報道に至るプロセスの可視化というのが、一つの鍵になっていくのではないかなと思っています。以上です。

杉田　ありがとうございました。大変興味深いスライドをたくさん見せていただいて、新しい情報も多く得ることができたと思います。

杉田弘毅氏

報道に対する解釈や定義の揺れ

それでは、私はスライドもないですが、短く三つのお話をします。

一つは、この戦争におけるプーチン大統領の発言を我々はどういうふうに解釈していくべきか、が戦争報道の大きな課題になっているということ。

二つ目は、戦争報道というのはそもそも何なのか、ということ。

三つ目は、どちらの側に立つか。つまり、報道する側の価値観の問題をどう捉えていくのか、ということです。

私は、プーチンとはこれまで何回かグループで会ったことがあります。最初に会ったのは、２０１４年のクリミア併合の直後でした。彼は、西側、あるいは欧米に対する恨みつらみを言うわけです。それは当然、冷戦の崩壊によってソ連がロシアに変わり、大国の地位を奪われたということが背景にあります。

話を聞いていると、「プーチンさん、そんなこと言ったっていまさら遅いですよ。もう歴史は元に戻せません」という反応になるのですが、一方で、グループインタビューにはいろいろな国の記者がいて、何となくそこにある感情も生まれる。それは、アメリカという巨大な存在に対する不満というか、あるいは不快感です。

しかし、そうは言ってもアメリカに頼らざるを得ないという、アンビバレントな気持ちをヨーロッパの国の人々も共有しているし、日本もそういう複雑な気持ちがある。しかしプーチンは、反米感情をより明確に発言する。

先ほど津田さんから見せていただいたスライドに、ロシアのプロパガンダがどれだけ受け入れられているかという点について国別の比較がありました。そうしたスライドを見ると、今のアメリカ中心の国際社会のありさまに対する不満というか、反感というか、そういうものをどれだけ持っているかによって、プーチンの発言に対して反発する割合が増える、増えないということがあると思います。

次に戦争報道ですけれども、皆さんもお読みになったことがあるかもしれませんが、フィリップ・ナイトリーというイギリスのジャーナリストが書いた「戦争報道の内幕」という本があります。翻訳は時事通信社から１９８７年に出ていますが、これを読むと、フィリップ・ナイトリーは、19世紀のクリミア戦争以降の戦争について分析した上で、「戦争報道というのは自分（ジャーナリスト）の所属する国の軍の応援団でしかあり得ない」と明言した別の記者の言葉を紹介しています。その中で唯一違ったのが、ベトナム戦争においてアメリカや日本のメディアが反戦世論につながるような報道をしたことだとも言っています。しかし、その反戦世論につながる報道も、今では「結局、ベトナム戦争とは何だったのか」と、定義付けが揺らいでいるために、礼賛するだけの評価ではなくなる可能性がでてきています。解放戦線による民族解放の戦いだったのか。あるいは、ただの北による侵攻、併合によって、南を飲み込むという戦争だったのか。そのような議論が今起きています。そうなってくると、当時の反戦世論につながった報道、つまりアメリカの戦争は悪・不正であるという報道は果たしてよかったのかという疑問も浮かんでいる次第です。

もちろん戦争そのものは絶対的に悪いことなので、反戦、平和をメディアが唱え続けるのは非常に重要です。しかし、戦争報道に対する解釈も、報道を定義することも時代とともに揺れる、ということがあります。

両論併記だけで済むのか

これらの話を通じて、私が最終的に思うのは、やはり価値観の問題というのは、どうしても報道からは抜けられないということです。つまり、「両論併記で済むのか」という議論が当然浮かんでくると思うのです。ロシアの言い分とウクライナの言い分、あるいはアメリカの言い分を併記することでいいのかどうか。

もちろん、ロシアの言い分というのはぜひ聞いてみたいし、プーチンには日本人も非常に興味を持っているので、彼が演説するとそれなりの量を使ってメディアが報道していると思います。

しかし、ロシアよりもウクライナ側、アメリカ側に立った報道スタンスが出ている。これはなぜかと考えてみると、日本政府がウクライナ支援でロシアに制裁をかけているので、既存メディアは結局、政府と一緒になって行動する。そういう政府寄りの姿勢というのがそこに表れているからだ、という指摘もあります。

一方で、メディアというのは、統制とか束縛を嫌って、自由を好みます。ロシアで記者たちが反戦・反ロシア報道をすると、場合によっては懲役15年の刑を科せられるという話を聞くと、そうしたロシアの体制はメディアそのものが本質的に持っている自由を希求する性格と相いれない。ロシアはおかしいのではないか、と指摘せざるを得ない。そのために、どちらが悪くて戦争を始めたのか、という国際政治の分析とは別にメディアの立場からしてロシアにはついていけない、この戦争についてはウクライナ側の立場に〝寄る〟という傾向が出てこざるを得ないと思います。

それから、実際のウクライナは、今日のお話でもいろいろありましたけれども、メディア対応に非常にたけている。我々も「ロシアの立場をもっと伝えてほしい」、あるいは「ウクライナ側がいろいろプロパガンダをやっているはずだから、そうしたウクライナのメディア工作もきちんと報じてほしい」という指摘を受けます。

ただ、いろいろな情報工作も含めて、全てが戦争の一環であるならば、やはりメディアに対するアメリカとウクライナ側、あるいは欧米側の対ジャーナリズム、国際世論をいかに味方につけるかという戦いは、先ほど冒頭に触れた、プーチンの言う「アメリカに対する反感というのは世界中の国が共有するはずだから、そこをたきつけよう」という情報戦においても、今のところ欧米側が勝っている、と思います。

それからあと一点。先ほど林先生から、「なぜ〝戦争〟を使わないのか」というご指摘がありました。いろいろな見出しでは「ウクライナ戦争」という言葉を使っているし、確かに欧米の報道を引用する場合は「ウクライナ戦争」なんです。しかし、プーチンが戦争を開始した時には、〝特別軍事作戦〟といって〝戦争〟という表現を使わなかった。

今のロシアの動き、あるいは政策を報道するには、メディアはそれなりの神経を使っているというところがあります。ロシアに駐在している記者のことを考えて、一つ一つの言葉をどう報道するかということ。プーチンは「戦争ではない。これは軍事作戦だ」と言っている。「戦争じゃない。いわゆるＰＫＯ的な警察活動だ」と言っているので、その定義付けがかなり大きな意味を持ってしまっている。そこで、日本のメディアもそこに引っ張られてしまっている、という辺りが本音かなと思います。

2、質疑応答

杉田　皆さんから既にいろいろな質問をいただいていますので、これらを基に私から質問をしていこうと思います。

一つは、ウクライナ戦争の報道においては、これまでの日本のメディアの世界における戦争・軍事紛争の報道よりも、はるかに質量共に充実しているという評価があります。確かに、表面的な比較かもしれませんけれども、テレビ、あるいは新聞の報道量というのは、かなり細かいウクライナの地図を基にして、どこの場所での攻防とか、そういうことを報道しています。

それから、核兵器使用の問題、戦争犯罪の問題、あるいはプーチンを取り巻くクレムリンの人脈なども報道しています。果たしてこの戦争に関して日本メディアは、質量共に充実しているという評価は適当でしょうか。もちろん、ウクライナの肩を持ち過ぎているという批判もありますが、この辺についてはどうお考えでしょうか。

あるいは、さらに言うと、この戦争における日本の独自の視点というのは、どうあるべきとお考えでしょうか。

これは非常に包括的な質問ですので、林先生、立岩さん、津田さん、この順番で伺えればと思います。すみません、内容が欲張りな質問になってしまいました。

ウクライナ戦争での報道量と質

林　ウクライナ戦争の報道が「他の戦争に比べて詳細だ」ということですか。それは、誰がおっしゃっているのですか。

杉田　一般的にメディアの内側の人間とかですね。あるいは、メディアをウオッチしている人たちがそういうことを言っています。

林　それは、ほぼ皆さんの合意としてあるわけですか。

杉田　合意としてあるかどうかは分かりませんけれど、しかし量としてはかなり…。例えば、昼のテレビの情報番組なんかでも、一時は毎日のようにウクライナの戦争についての報道が続きました。

林　もし本当にそうだとしたら、なぜそうなのかということを問うべきではないでしょうか。

他の、例えばミャンマーではデモ隊が軍事政権と衝突するという「内戦」があったわけですが、そういうものと比較して詳細だとするなら、なぜなのか。

ウクライナはかなり細かいところまで取材をし、放送され、記事化されているとしたら、まずはそういう取材ができる体制をウクライナ側が用意しているということがまず考えられます。

二つ目はゲートキーパーとして、例えばデスクの人たちが、「ウクライナ情勢報道にこの枠をあげるよ」あるいは「何分確保するよ」という指示を出しているわけですよね。ということは、やはりそこに何か理由があるのではないかと思うのです。

先ほど立岩さんがおっしゃったことと関連するのですが、メディア研究でも、「海外報道はお金がもうからない」ジャンルなのです。報道の質を国際比較するときも、海外報道の量で、各国の報道への考え方を比較するほど、海外報道というのは、「金銭勘定ぬき」の代表的な分野です。それにもかかわらず、ウクライナに紙面も放送時間も与えられる。先ほどから少し気になっているのは、それがいいか悪いかは別として、ウクライナのためには政府が「避難民」という特別カテゴリーまでつくって、「西側としての責任」というようなディスコース（編注　言説）をつくっている。

その方針に並行するように、報道も量的にも多いし、先ほど私がご紹介させていただいたように、ウクライナに同情する感情的な意見もはっきり言う。日本では「どっちもどっち」はない。こういう現実が、世界的なポリティクスの中で一体何を意味しているかを問うべきなのではないかと思うのです。「日本のメディアはよくやった」でよいのでしょうか。もちろん現場の方はよくやってらっしゃると思いますし、侵攻は許されないものではありますけれども、やはり一歩引いた視点で見ると、なぜそのような報道が可能になっているのかは問われるべき、という気がしました。

杉田　ありがとうございました。立岩さんは、いかがですか。

善悪の分かりやすい構図

立岩　林先生がおっしゃっていることの延長ですけれど、我々はウクライナで起きていることは実態としてよく分からない、という前提で話をしますが、分かってはいない一方で、ものすごく分かりやすい構図もある。弱い国に強い国が侵攻してきた。ここでもう、誰が何を言わなくても、悪と善が明示されてしまう。

　国際報道、あるいは紛争報道について、湾岸戦争とかイラク戦争もそうですが、アメリカ軍が侵攻する先から、「どうも怪しいのではないか」という報道があったわけですね。つまり、本当はどちらが正義なのか分からない。これが日本でも一応共有されて、だから反対運動も起きたわけです。そういうものに比べると、ウクライナでのロシア軍は、善悪が非常に分かりやすく、報道しやすいということが一つあります。

　なぜ報道しやすいか。単純ですよ。視聴率が稼げるわけですよ。つまり、映画に近い。苦しんでいる人たちが立ち上がったという図式がお茶の間で見られる、ということが一番大きいと私は思います。もう一つ言うと、さっきの津田さんのお話に関連しますが、湾岸戦争の時は〝テレビゲーム〟といわれたわけです。我々はミサイルに付けられたカメラを見て、戦争を知ったわけです。

　今は、例えばロシア軍のヘリコプターが撃ち落とされる映像を我々は見ることができるわけです。先ほどの高村薫さんの話で非常に示唆的なのは、ウクライナ軍が出てこない理由は、私は戦術的な理由である以上に、ウクライナ軍が頑張っている姿を出さないことによる、戦略的な広報の意味合いが非常に強いと思っています。

　それはなぜかというと、やっぱりそれによって海外、国外からの支援が得られるわけです。つまり、日本でさえ、ウクライナを支援しなければいけないと言って、防弾チョッキとヘルメットを送った。そういうことを、ある程度巧妙にウクライナ政府は行っている。これはいい悪いではなくて、実態として行われているわけです。

実際、日本のテレビ局などのメディアが取材するときは、明らかにウクライナ軍の広報が付いているわけです。だけど、ウクライナ軍の奮闘している部分というのは映していない。我々は見てないわけですから。そういう、分かってないのに分かった感がある戦争である。そういう意味で、メディアにとって非常に描きやすいということはあるでしょう。

杉田　それでは津田さん、お願いします。

津田　僕は、起きている時はずっと、ネットに張り付いていろいろな報道を見るという経験は、今回が2回目です。

1回目は東日本大震災の時です。この時は、本当に寝ずにずっとネットを見ていました。今回ウクライナでまた同じように見ていたのですが、震災の時とのメディア環境の変化を感じました。

それは利用者が増えたということもあるのですが、圧倒的にソーシャルメディアに流れる情報がマスメディアよりも早いということを感じました。

僕がどうやって情報をチェックしているかというと、例えば、ツイッターのリスト機能を使っています。何かテーマ（「ウクライナ関連」とか）をつくって、フォローする人を決める。

国際政治学者とか、各種の報道機関、それだけではなくて、ミリオタと言ってもいいかもしれない、いわゆる軍事クラスタの人。匿名の人も、実名の人も。そういった軍事専門家、あるいはミリオタの人（ベリングキャットなどはまさに、それがある種の情報機関になっていった例ですけれども）、そういう人たちは、やっぱり海外でも日本でも分析力があります。

今のウクライナの戦況を見ていて、今ここがこうなっているから、たぶん3日後くらいにはここが危ないのではないか、とか。ロシアが押し戻されるのではないか、という予想をしていて、それが2日後くらいに本当にその通りになったりする。

そういう精緻な分析を、ネットユーザーが行っている。しかも、実際にその通りになったらすごいなと思っていたことが、数日後に新聞で報道される、ということが起きている。その間、大体1週間くらいのタイムラグがあるんですよね。

それが、震災の時と一番違うなと思いました。

基本は、毎日ツイッターで速報を追い掛ける。そこに、通信社の情報と、専門家の分析が流れてくる。それを追っていると、数日先に起きそうなことが大体見えてくるようになる。それを、１日、２日後に日本の既存メディアが追い掛けている。

そのように情報に触れていると、新聞社のニュースサイトで見るウクライナ関連のニュースが、ネットのまとめサイトを見ているような感覚に陥るんですよね。これは不思議な感覚だなと思いました。自分にとっても初めての経験でした。新聞に載っている情報が、全て既にツイッターで知っている情報だという。

髙村さんの話にあったように、ＳＮＳによって点の情報というのが増えた。インターネットで、幾何級数的に点の情報、点の報道が増えているわけです。しかし、なかなかこれが線になっていかない。本来であれば、日本のメディアはそこを線につなげていって、全体像を見せる報道をしなければいけないけれども、線につなげるためには、ある程度、確定的な事実確認というのが必要となってくる。

確定的な事実確認ができないが故に、結局日本のメディアも、点の報道を追随せざるを得ないということが続いていて、これは結構構造的な問題だなと思いました。

それと関係するのですが、例えば「ウクライナのショッピングセンターが爆撃されました」という報道がある時に、ウクライナ側は当然「ロシアのミサイルによるものだ」と言う。けれども、ＣＮＮとかは、「我々はこれを事実かどうか確認できていない」という一文を必ず入れますよね。我々はこの情報が本当であるかどうかということを検証するすべを持っていないということを、結構しつこいくらい、必ず入れています。

これは日本の報道ではしていないところであって、この情報がもしかしたらどちらかによるプロパガンダである可能性があるということを読者に気付かせるという意味で、その一文を入れることが重要です。

さらに言えば、線をつなげる作業も重要で、「これは9割くらいの確度でロシアがやっただろうな」と思う時に、10割とはっきりする前に、仮定のまま線をつなぐような報道。そういうことが報道機関は苦手だと思うのですが、そういう時に読者にある程度、全部本当かどうか分からないけれども、でもこの可能性は高いという、先を読んで伝えるような、そういう語り口も模索されないと、点が多くなり過ぎてしまう。

人って点が多くなり過ぎると、どこかで思考するのをやめてしまうというか、情報量が多過ぎると思考停止になってしまうところがある。情報発信のメリハリみたいなものを付けていかないと、混乱した状況はなかなか解決しないのではないかと思いました。

国際報道の確実性

杉田　立岩さんが先ほどプレゼンテーションでお話しされた中で、結局APなりロイターなり外国通信社が現地で打った話を本社が受けて、そこを現地の特派員に返して、そこで現地の特派員がそれを現地からの報道として伝える。だけどそれは、現地からの報道ではなくて、東京でも伝えられる話であり、日本メディアは現地からの報道の形に固執し過ぎるとおっしゃいました。

これは、「国際報道とは何なのか」という問題に突き当たる極めて深刻な問題だと思うのですが、立岩さん、この戦争では、そういった傾向を打破するような動きとか、何かお気付きになったところはありますか？

立岩　今のところないですね。先ほど津田さんがおっしゃったこともすごく大事でね。つまり、「確認をしていない」ということを言えるのかということ。皆さんは反発するかもしれないけれど、日本の国際報道というのは、いわゆる隔《かっ》靴《か》掻痒《そうよう》なわけです。

さまざまな外電とか通信社の情報を、いったん東京が把握する。そして、お金をたくさんかけて現地にも一応記者を出している。だから、現地から記者がリポートしないといけない。情報の出所を現地の記者が確認していなくても、「現地からおまえがしゃべれ」になっちゃうわけです。

そうすると、まさに一番根幹の、現地で確認している内容なのか、つまり「うちは確認しているのか」が極めて曖昧になってしまう。結果的には、違ったりもするわけです。だけど違っても、国内報道であれば謝罪だけでは済まされないことになるのだけれど、なぜか国際報道においては謝罪もしないで終わってしまう。

そうすると、受け手である我々にとっては、何が本当なのか。国際報道に関しては、確実性が高いと言われている主要メディアの報道でさえ、そういう部分が昔から許容されてきたことは、紛れもない事実ですよね。

だから本当は、「これは何々通信による報道ですよ」ということを明確に言わなければいけないのに、ＮＨＫにいた私も言ったことがない。ＡＦＰとかロイターとか共同とかが書いてきたことに足して、現地で読むことになっちゃう。これは、平時にはそれも許容範囲かもしれないけれど、人の命が懸かっている〝戦争〟でもこういうことが行われているのは、そろそろ危機感を持った方がいいと思います。

日本独自の視点は必要か

杉田　林先生、今のご指摘、つまり、これは日本じゃなくても欧米もある意味現地報道に頼っているところはあると思うので、日本でも、例えば政治部や経済部、あるいは社会部のように、日本の社会を変えるという決意を持って報道しているのではなくて、単なる外国メディアの紹介、あるいは翻訳、そこで終わってしまっている。

だから、先ほど言いましたように、日本独自の視点がないのではないか。この問題は、記者たちの間でもずっと言われている話ですけれども。

林　そうですね。

例えば今回の場合ですとヨーロッパは、自分たちに近い国でやっているので当事者目線になっているかもしれません。いずれにしても、報道に「日本の視点」なんてつくらなくても、別に皆さんが好きなように報道をすればいいのではないでしょうか。記者さんたちが「日本の視点」なんてものを背負うと考えることこそ、恐ろしいように思います。

その上で、国際報道が外電の翻訳だということ。それはたぶん伝統があるのだと思いますけれど、先ほど津田さんと立岩さんもおっしゃった線につなげていくというところはとても大事だなと思っています。

私はウクライナのもっと面の報道ですね。線から面、例えば、先ほど申し上げたように、ウクライナのことって誰も知らなかったじゃないですか。マイダン革命とか、オレンジ革命とか言われても「何ですか？」というところから、突然戦争が起きて、毎日のようにいろんな報道が入ってきますが、「戦い」の話題しかないわけですよね。そうではなくて、ウクライナにもいろいろな人がいて、「戦争の良し悪し」と言う前に、どんな国なのか、これまでいかなる問題を抱えてきたのか、日本との接点はどのようなものかという部分にもっと光を当てていいのではないかと思いました。

それを思ったのは、先ほど立岩さんが出したスライドでCNNがリンジー・アダリオにインタビューをしていたんですね（P50図15）。リンジー・アダリオは、有名な戦争写真家で、戦争で被害に遭っている女性や子どもたちを中心に報道している写真家です。日本でも「愛は戦渦を駆け抜けて　報道カメラマンとして、女として、母として」という翻訳本が出ています。彼女自身、小さな子どもを持っているために、戦火まみえる戦場の最前線には行けないし、行かない。だから、いわゆる従軍記者ではないのですけれども、その写真は非常に印象的で、戦時下で暮らす多様な人々の生活の写真を撮り続けています。

ウクライナは、代理母や代理出産が一大ビジネスになっているそうで、おそらくクライアントの多くは西欧諸国なのでしょう。戦時下で国外に移動できない今、そのビジネスで生まれた命がどうなっているのか。彼女は、病院の地下室に避難している代理母から生まれた赤ちゃんたちと、赤ちゃんを守る看護師を取材し、その写真がニューヨーク・タイムズに掲載されていて、これはなかなかすごいなと思いました。

日本の記者からも、日本でも社会問題になっていることがウクライナの社会ではどうなっているかという視点があると、そこから日本とウクライナの感情がつながっていって、じゃあ戦争は良くないという話になればいいなと思うんです。いきなり、戦争が起こったから、「平和が大事です」「戦争は駄目です」というだけでは、危うい。もう少し、「面」で国と戦争を考える視点があっていいかなという気がします。

津田　1点だけ短く付け加えていいですか。今の林先生の話について、僕も同じようなことを思っています。先ほど、新聞を見ても、あまり新しい情報の発見がないという話をしましたが、でもこれ新聞社が全部駄目って言っているわけではなくて、やっぱり役に立っているものもあります。

それは何かと言うと、日本の新聞社の海外特派員のツイッターが、めちゃくちゃ役に立つんです。彼らは自社ではなかなか報道できないけれども、ＡＰやロイターなどいろんな海外記事を引用して、それを日本の読者向けに翻訳しつつ、自分なりの視点も入れてどんどん出してくれる。

ああいうツイートはすごく僕の役に立ったし、それこそ〝線〟とか〝面〟につなげていく上で最前線には行っていないけれども、日本から見えていないところを伝えてくれて、すごく有用だし役に立っている。

だけれども、それがひとたび新聞の紙面とかテレビ報道になると、全然出てこない。その記者の持っている視点というのは、実はそれぞれ思い思いに出されているんだけれども、それがいざ、既存の商品としての報道の形になると整えられてしまう。そこにもったいなさをすごく感じます。

翻訳紹介における課題

杉田　たしかに、どうしても新聞やテレビは、ある程度、骨になるニュースを幾つかやらなくてはいけない。そういう中で、取材していると多くのテーマが浮かんできて、いろいろな思いを記者は持っているけれど、それを収容するスペースを作る工夫が必要だということは、まさに私も思います。

それから、あと一つ言うと、翻訳紹介は日本メディアだけではない。アメリカのメディアも、かなり現地に展開しているように見えつつも、しかしやっぱり、キーウ・インディペンディントとか、現地メディアを使っているし、そういう中で彼らも翻訳紹介をしている。ただし、同時に、彼らは現地の協力者との関係を非常にうまくつくっていて、そこで厚みのある報道ができているということがあるかと思います。その辺も日本メディアの課題かなと思います。

立岩　1点加えると、だから翻訳紹介はしていいんですよ。ただ、その根拠をしっかり明示するということです。現地の何々が報じたから、我々はこれを報じているんですよ、ということをきちんと言う。「何々が報じている」を削ってしまうために、誰が確認したのかという部分が不明確なまま報道されてしまうというのは、非常に残念ですね。

津田　ここ数年、海外のこのメディアで報じた、というようなストレート・ニュースが日本のメディアでも増えている印象はあるのですが、立岩さんが見るとまだ徹底できていないという感じですか。

立岩　徹底していないですね。例えば、「共同通信によりますと…」と書いてあるところはないわけです。これはつまり、国際報道は〝共同通信〟とか〝時事通信〟とか出さなくてもいいってことになってしまっているわけです。

だけど、情報を本当に的確に伝えるというのは、実は根拠を示すということなんですよね。だから、そういうものはルールとは別にちゃんと出さないと、やはり信頼できるメディアにはならない。

ウクライナと台湾の連関はあるのか

杉田　次に、これもメディア報道がどうあるべきかという点についてです。ウクライナ戦争について、東アジア有事とか、中台有事とか、その文脈で捉え過ぎているんじゃないかという、そういう批判もあります。果たしてそこにおける連関性がどれくらいあるのか、ということについての検証が十分できているのか、できていないのか。

もちろん、連関性があるという立場もあるし、ある、なしがよく分からないまま、何となくエビデンスもなく「次は東アジアだ」といった報道になってしまっているという指摘があります。この辺はいかがでしょう。これもまた、林先生からお願いします。

林　台湾と中国の問題と、ロシアとウクライナの問題を並列して話すということがどうなのか。国際関係が専門ではないので、その適切さについては私には分かりません。けれども、私が海外のメディアを見ていると、やはりロシアの存在というのが、西側のデモクラシーを破壊するという、そういう文脈が非常に強いんですよね。なぜならば、ロシアは米国大統領選挙の妨害をした、意見操作や選挙介入をしているということが割と固いファクトだと今言われています。そういう文脈で考えると、中国と台湾の問題は、日本にとってもつながるのかもしれません。

私としては、やはり先ほど津田さんがおっしゃっていた、国家単位でのツイッターの介入による世論操作といった問題については、日本ではまだまだ危機感が薄い気がします。外国から選挙の妨害、フェイクニュースなどが日本では一体どうなっているのか。それがロシアなのか中国なのか、他の国なのかは分かりませんけれども、そういうことは考えるべきなのかもしれ

「中国にノーと言おう」と書かれたメッセージを掲げる台北市民
（提供：共同通信社）

ません。

例えば、今のウクライナ戦争の大きなきっかけになったクリミア併合は、ツイッターによる意見操作があって、割と静かに併合されてしまったという研究もあるわけです。そういうことが、全く遠い国の遠い話なのか、あるいは日本の足元にも迫っていることなのか。先ほどの津田さんのスライドを見て、私たち自身も考えるべきだと思います。そういう意味では、つなげることにはレジティマシー（編注　正当性）がありますけれど、どういうつなげ方か、というのが問題かなと思います。

杉田　こうした問題点について、立岩さん、何かご意見ありますか。

立岩　私もつなげることは当然可能だと思うんです。東アジアのファクトチェック先進国というと、国ではないけど、台湾というのは非常にファクトチェックをしているわけです。いわゆる中国との情報戦に勝つためにも、国がお金を出してファクトチェックをしているわけです。では、台湾の人が本当に今のウクライナの状況を、自分たちのものとして受け止めているかというと、私はもう少し冷静な印象があります。

私の周辺にも、いわゆる保守の側の人はたくさんいるわけです。それは「アメリカが警告したのにロシアが侵攻した。つまり、国際秩序は崩れている。ほら見ろ、中国は台湾に攻めてくるだろう」という論理を言ってくる人たちが、私の友人にもいるわけですよね。「冷静になれ」と言っても耳に届かない。

私は、何かをつなげて考える時には、根拠であったり、明確な分析をしたりする冷静さが必要だと思います。ウクライナの報道の中で、中国と台湾の関係はどうなんでしょうという質問は、当然出るとは思います。

でもそこで、「ロシアがこうなった以上、中国だっていつ台湾に攻めてくるとも限らないでしょう」と何か根拠があるわけでもなく、雰囲気で言ってしまうような識者がいて、そういうものにみんながあおられていくというのは、あまり健全ではないと思いますね。少なくとも主要なメディアはそれをやっているとは思わないけれども、そういうものが横行する余地はあるわけです。

戦争におけるファクトチェックの役割

杉田　このウクライナ戦争について、立岩さんの説明の中でもファクトチェックの話がいろいろ出てきました。私もファクトチェックは非常に重要だと思っていまして、自分なりにやっているんです。けれども、ちょうどトランプ政権ができた翌年、アメリカへ取材に行った時に、ファクトチェックをやっている組織の編集長と話した中で、彼女は徒労感をお話しになられた。

どういうことかというと、トランプという人物はファクトチェックを利用して、ファクトチェッカーたちを敵、ファクトチェックを支えているメディアを敵、「トランプはまたうそをついた」と言っている民主党の人々を敵、としている。

トランプ本人は、ファクトチェックを突き付けても、全く反省せずに、さらにその2倍、3倍のうそを言い続ける。それと同時に、トランプのサポーターたちは、「そうだ、そうだ」と言って、また一層団結を強めている、と。

つまり本来、ファクトチェックは事実を示すことによって、正しい情報を提示して、人々に理解を深めてもらう。あるいは、先ほど立岩さんの話に出たように、政治家に言動を正してもらうことが重要な目的だと思いますが、それがどうも機能していない。逆を言うと、分断を深めているのではないかという思いにとらわれていると言っていました。

日本においては、ファクトチェックは大手メディアをはじめ、まだまだ十分ではありませんけれども、ファクトチェックが本来持っている、こういった戦争とか分断における役割というのを、今どのように捉えていらっしゃいますか？

立岩　おっしゃる通り。私はあの時アメリカにいて、ファクトチェックをやっている人達を見ていましたが、「3、4、3」と言われているわけですよ。

つまり、トランプさんが言っていることを絶対信じない30％がいます。そして、トランプさんが言っていることを絶対信じる30％がいます。その間には40％の、いわゆる一般の人たちがいます、というのは一つの流れで、つまり分断が加速される部分というのは、ファクトチェックをやることによって、トランプさんを支持している30％と、他との溝が深まっていく。

そこをどう見るかについては、だから意味ないだろうという考え方もあるし、少なくともその70％の人は、トランプさんの発言はおかしいと思ってくれればいいのではないかという見方もある。そこは今、アメリカも揺れているわけです。

実際、ポリティファクトという団体に「トランプの支持者はあんた方が言っていることを絶対信じない。どうするんだ？」と尋ねたところ、彼らは一時期、トランプの支持者のところにビールを持って行って、みんなでビールを飲みながら、ファクトチェックの説明をするということをしたらしいです。意味がなかった、徒労だったと言っていましたけど。なかなかうまくはいかないんです。

私が思うには、ファクトチェックは、フェイクニュースの解決策にはならないんですよ。なぜなら、フェイクニュースは、作るのに15秒もかからずにできる。でも、そのフェイクニュースのファクトチェックをするのに、下手したら15日くらいかかってしまう。全然数が合わない。

ただし、昔はファクトチェックというものが、取り組みとしてある程度広まることで、少しは社会が事実関係を確認することの重要さを示せた。例えば、共産党の発言をファクトチェックすると、「許せない」と批判が来るわけです。だけど、共産党が言っていることだって、間違いはあるわけですから、ファクトチェックをしてもいいわけです。

しかし、「じゃあ、あなたは自民党を支持しているのか」みたいな単純なロジックが、日本社会ではまん延している。そうではないんだ、と。つまり、「国葬は議会で決議するべきだ」と私は思っている。だけど、「イギリスでは女王の国葬でさえ決議をしている」と言った石破さんの発言の間違いを指摘することに何の矛盾もないわけです。

「立ち位置」と「ファクトをチェックするという取り組み」とは全く関係ないということに、ファクトチェックをすることで少しでも関心を持ってもらえれば、少しは認識も変わるのかな、という淡い期待は今も持っています。

ウクライナと台湾での類似の有無

杉田　津田さん、何かご見解ありますか。

津田　そうですね。ファクトの話と東アジアの話で言うと、ウクライナと台湾有事は、当然同じように語られることも多いと思いますが、似ている要素もたくさんあるけれど、似ていない要素もたくさんあるわけですよね。

一番の違いは、ウクライナはＮＡＴＯに入っていなかった。だけど、台湾有事でもし沖縄が巻き込まれたら、日本の場合は日米同盟があるという、すごく大きな違いがある。

もちろん僕も台湾有事がどうなるのか気になります。たまたまウクライナ侵攻が起きた1カ月後くらいに、テレビでもよく見る軍事研究のある専門家とオフの場で話す機会があったんです。台湾有事の可能性について伺って、「ありますか？」って聞いたら「十分あり得る」と。「ただし、ウクライナと全く同じ展開にはならない」と。

なぜかというと、やっぱりアメリカの本気度が違う。例えば、ウクライナは、世界やヨーロッパの食糧安全保障として、すごく重要ですね。だけど、アメリカって穀物大国だから、穀物という意味では、アメリカにとってウクライナは、実はそんなに重要ではない。

ただ、台湾が本当に中国に取られるとなると、台湾には半導体がある。世界の6割以上のシェアが台湾ですから、そうすると、今や半導体は石油以上に世界の最重要資源、戦略資源になっているという状況なので、半導体を守るために、アメリカは死に物狂いで台湾を守る理由があるよ、というような話をざっくばらんに語ってもらいました。

それくらいざっくばらんに語ってもらえると分かるじゃないですか。だけど、その方はテレビとかではそこまでざっくばらんには、しゃべらないので。報道って、そういうところを引き出していくのも大事だろうと思いました。

あとはもう一つは、シナリオじゃないですかね。結局、専門家だって、見立てを間違うわけですよね。例えば、このウクライナ戦争には、五つくらいシナリオあるよねと。消耗戦で膠着《こうちゃく》が続くとか、あるいはロシアが勝つとか、あるいはウクライナが勝つとか、あるいは世界大戦まで巻き込んでいくのか、状況はどんどん変わっていくと思うので、その時々に応じた幾つかのシナリオを、常にアップデートしながら、これだけの数のシナリオがあるんだよ、というのを提示し続ける。

東アジアについても、そういう構えが重要なんじゃないかとお話を伺っていて思いました。

オシントの可能性

杉田　ありがとうございます。この戦争報道ではオシント（オープン・ソース・インテリジェンス）が非常に重要になっています。一方で、オシント偏重主義みたいなものも、出てきているのかなと思います。

　つまり、今日の高村さんのお話にあった、メディアが戦争報道で非常に重要視すべき、「市民の戦争」、「市民」という言葉、その部分が抜け落ちてしまうのではないかという不安があります。

　オシント報道最前線と呼ぶべきでしょうか、オシントの可能性について、津田さんから伺えたらと思うのですが。

津田　さっきの繰り返しになると思いますが、公開される情報を読み解いて、これ自体が抑止になるというのが、一つポイントになってくる可能性はあるでしょう。たぶん、今の21世紀型の戦争の特徴というのは、「非軍事戦闘員」ですよね。力というのは、情報革命によって政府から市民側に移りつつあるというのが一つのポイントだし、もう一つはやっぱり戦争のナラティブ（編注　語り、物語）というのが、物理的な「どっちが勝っている」ということ以上に重要になってくる。ナラティブで勝てば、どんどんいい武器が手に入ってくるというのが、今まさにウクライナで起きていることですし。

　デイヴィッド・パトリカラコスさんという中東のジャーナリストが、２０１９年に「１４０字の戦争」という本を出していて、この本がすごく面白いんですよ。この本は、まさにウクライナのドンバスとか、ガザとか、情報環境がどれだけ戦争に影響を与えるのか、ということを細かくルポで調べていて、３年前の本ですが、今ウクライナ侵攻で起きていることを、ほぼ予言しているような本になっています。

その中に書かれていることで印象に残ったのが、今は「国家対国家」ではなく、「国家対非国家」、例えば「国家対ＩＳ」だったり、あるいは戦争と平和の境目にある曖昧な領域で戦争が起きている。だから長期化するんだ、というようなことを言っていて。

それで、オシントみたいなものが発達すればするほど、まさに戦争と平和にある曖昧な領域で、常に情報が提供されて、それがどちらの側にも利用されるということがあると思います。オシントは問題の解決とか、戦争犯罪を裁くために使われる場合もあるけれども、オシント的なもので、どんどん公開される情報があると、お互いに水面下での交渉がしにくくなることもあると思います。

そういう、たぶん正と負の両方の側面というのがあるけれども、でもじゃあ、オシントのない世界に戻りましょうというのもできないですよね。

むしろ、情報社会が進んだことによる必然的な変化なので、だからオシントが良い、悪いという議論はあまり意味がなくて、むしろ必然的に生じた変化に対応して、どう戦争を終わらせていくのか、戦争を終わらせるためにどういうことが必要なのかというのを、それぞれが考えていくしかないのかなと思います。

巧妙なメディア戦術を検証する

杉田　ありがとうございます。これからはオンライン参加の方から事前に受け付けた質問に移ります。少し重なるかもしれませんが、非常に本質的な質問が寄せられています。

まず1問目は、一部報道されていますけれど、ウクライナはアメリカの広告代理店を使っており、かつてのバルカン戦争のようにメディア戦術が巧妙である。こういったウクライナのメディア戦術に、報道は使われているだけではないのか。つまり、もっとウクライナのメディア戦術の裏を暴くとか、あるいはそれに対して距離を置くと、そういったことがなぜできないのか、というご質問が寄せられています。これは津田さん、お願いできますか。

津田　これは僕も関心があって、調べていたんです。「戦争広告代理店」という有名な本があったし、湾岸戦争の時にもそういうものが注目されましたが、それと似ている部分もあるし、違う部分もあるというのが、現時点で自分が思っていることです。

　あまりにもウクライナ、あるいはゼレンスキー大統領のメディア戦略が華麗なので、これに対する検証的な報道が3～4月くらいに欧米で相次ぎました。

　一つ、広告代理店についての報道で言うと、米メディア「ポリティコ」が3月に報道していました。「なぜこんなにうまく、ウクライナ政府がワシントンへのロビー活動ができているのか」ということについては、広告代理店が入っているから全部うまくいっているというような、そんな単純な話ではないんです。

　ゼレンスキーの顧問にアンドリュー・マックさんという人がいて、この人はウクライナで法律事務所をやっているんですが、その法律事務所はワシントンＤＣにも支局があって。実は、ウクライナ侵攻の前の、ゼレンスキーが大統領になった時から、ワシントンに支局をつくり、関係を築いていたらしいんですよね。その時から、アメリカや西側諸国との関係性をつくろうという目的があって、それが効いているということが、まず一点です。

　もう一つ、メディアレップ（編注　広告代理店や広告主との仲介役を担う業種）で言うと、アメリカのニューヨークに本拠があるＫＡＲＶコミュニケーションズというＰＲ会社とウクライナ政府は契約をしているらしくて、そのＰＲ会社が、ＣＮＮとかＭＳＮＢＣがウクライナのニュースを取り上げる際の窓口となっている。

　このようにワシントンのロビーとメディアという二つの窓口を持っていることが、ウクライナの報道がこれだけ増えているという理由だということ。ただ大事なのは、これはウクライナ侵攻以前からやっていたことなので、戦争が起きたから広告代理店が入って来てやっているという、ちょっと陰謀論っぽい話ではないということは、ポリティコの記事なんかを見ると分かることです。

　それからもう一点、スピーチライター。ゼレンスキー大統領はあまりにもスピーチが上手。当然これはスピーチライターがいるのではないか？　これも幾つかのメディアが報道していて、結論から言うと、たぶんゼレンスキー大統領が自分でもスピーチを作りつつ、スピーチライターもいる、というのがファクトでしょう。

　イギリスの「オブザーバー」が4月ごろに報道していたのが、「スピーチライターはいる」ということでした。それは、38歳の元ジャーナリストのドミトロ・リトヴィンさんという人。ただ、その人はスピーチライターではあるが、ゼレンスキー大統領は話す内容は分かっているし、スピーチライターが一言一句全部作っているわけではないと、オブザーバーの取材に答えていました。

　その後、ゼレンスキーのスピーチライターについては、テレグラフとか、アメリカのタイムとかでも、メインの骨格の部分というのはゼレンスキー本人が作っていて、そのサポートにスピーチライターが入っているという、そういうような感じのことを報道しています。ゼレンスキー自身、元々脚本を書いていたり、演出をしていたりする人なので、確かにそのくらいできるだろうとも思います。だから、「この戦争でウクライナのプロパガンダをうのみにするのは危険じゃないか」という指摘は全くその通りですが、実態がどういうふうに運営されているのかについては冷静に見ていく必要があると思います。エビデンスがあって報道しているものも出てきているので。そういうファクトを踏まえて捉えていくことが大事だと思います。

立ち位置を持たない報道

杉田　２問目は、立岩さんに回答をお願いします。「ウクライナは善であり、ロシアは悪である」という報道の仕方だけでいいのかというのは大きなテーマだと思います。これは、両論併記すればいいのか、それは違うだろうという指摘があります。

　戦争報道においては中立、公平であるべきということについて、どうあるべきなのか。ここまでの戦争の展開と、日本のメディアの報道ぶりを見て、お考えになっていることはありますか？

立岩　まさに「立ち位置を持たないという報道ができるのか」ということに尽きると思います。

　例えば、私が先ほど話したＮＨＫの同僚である新田義貴くんが、ブチャの虐殺の現場を取材したルポを書いてきたんです。ところが、彼の話では、実は現地にいきなり連れて行かれて、そこに主要メディアの取材班がウクライナ政府によってバスで教会に連れてこられて、そうしたら一斉に遺体の掘り起こし作業を始めた。

　つまり、ある種これは利用された、と。「だったらそのことを書き入れようか」「しかし、原稿上それを入れると、何が何だか分からなくなってしまうのではないか」という議論が常にあるわけです。

　これは、新聞記事はまだ許容範囲があるけれども、テレビのニュースで、「この悲劇がありました。しかし、この悲劇の裏にはこういう別の側面がありました」と入れてしまうと、何が何だか分からなくなってしまう。つまり、ニュースというのは基本的に勧進帳なわけですよね。流れがあるわけです。ある日何かが起きた時に、それをひっくり返すような話を後で入れられちゃったら、ニュース全体が成立しないという。それを踏襲するが故に、本来目を向ける話が落ちていくという部分は否めないでしょう。

これは最後のテーマになると思うのですが、だとしたら、もう一度、今再構築をしなければいけない時期に来ていると思うんです。つまり、私自身もやってきたような、決められたルールの中で記事を書いていくということから、少し変えていく。

ブチャの悲劇は本当にありました。だけど、その時に、これは我々が連れて行かれて、見せられたものだ。だからと言って、これはプロパガンダというふうに批判できるものでもない。実際に虐殺があったということの証左でもある。だけど、そこに我々が〝連れて行かれた〟こともまた事実であり、もう一度考える時期に来ているのではないかと思います。

杉田　林先生、これはテレビ局の国際報道部で働く方から、オンラインで質問が来ております。毎日ウクライナ紛争について報道するのに、ミャンマーやイエメンなど、同規模の犠牲者が出ていてもほとんど取り上げられていません。国際報道における地域の偏りを変えるのは難しいでしょうか。林先生、いかがですか。

林　私のような外の者が勝手に申し上げるとしたら、テレビ局は普段から、例えばミャンマー、そしてシリアの難民問題とか、それこそ面で広がるいろいろな問題を大切に報道してほしいなと思うんですよね。それがないから、突然ウクライナばっかりになっちゃう。有事の報道の在り方は、普段の報道の在り方が問われているという、非常に当たり前のことに尽きるのではないでしょうか。

例えば、日本で難民の方が収容所で亡くなってしまったとか、そういうことをテレビ局がどれだけこれまでにしっかりと取り上げて報道してきたのか、難民問題についてどこまで真剣に向き合ってきたのか、ということが逆に問われます。グローバル化で人の移動が頻繁になり、日本の内側にも海外との問題が多数あると思うので、その現実にまず目を向けて、紙面や秒数や分数を稼いでいただくしかないのではないでしょうか。これでお答えになっているでしょうか。

杉田　はい、まさにそういう話を伺いたいと思っていたところです。

林　頑張ってください。

立岩　ミャンマーに関して言うと、日本人ジャーナリストが懲役10年なんていう刑を受けているのに、これを報道しないということは、極めて深刻な状況だと主要メディアは考えた方がいいですよ。非常に恥ずかしい。

林　ジャーナリスト同士の連帯意識がないというか、会社員記者とフリーランスとの関係をどう考えるかというご質問もいただいていたようですけれども、日本では、記者たちの会社を超えた流動性が低く、会社の中と外の敷居がとても高いですよね。「民主主義社会を守るために報道する」という、やや「青い」議論をすることも、日本の記者さんたちにとっては必要ではないでしょうか。せっかく素晴らしい仕事なのですから、ご自身の職業の意義について、ぜひとも原点に立ち戻って考えてほしいものです。

杉田　ありがとうございます。会場からもご質問をお受けしたいといます。

技術的な進歩に追随するフェイクの発達

質問者　今日は非常に有益なお話、ありがとうございました。

立岩さんに1点、お伺いいたします。津田さんの資料の中にも出てきましたけれども、今ＡＩなどの発達で、動画とか写真のいわゆるフェイクのような画像が戦場取材で拡散しているという話がありました。

　最近の静岡の台風なんかでも、ＡＩで見事に加工した動画がＳＮＳで拡散したというのがあって、非常に大きな問題になりました。立岩さんの立場として、こうした戦場での動画、写真のファクトチェックというのは、具体的にはどういうふうにされているんでしょうか。あるいは、ファクトチェックそのものをすることは可能なのでしょうか。

立岩　ありがとうございます。可能ですけれども、私のところは非常に貧弱な団体で、そこまではできていない。ただ、技術的な進歩によってフェイクを流せるけれども、同時に、フェイクを見破ることも可能になっているんです。例えば、動画でもいろんな解析のソフトがありますので、これは本物である、偽物であるということが分かってくる。

　私のところはまだそこまでの体力がないのですが、もし皆さまに支援していただいて、そういう体力がつけばぜひやりたい。まさに津田さんが言ったディープフェイクというのは、極めて巧妙さを増していくので、今はまだ可能だけれども、だんだん分からなくなる可能性があるので、そういうものをしっかりとチェックしていかなければいけないと思う。

　ファクトチェックが、単なる発言の事実確認ではない方向に向かっていることは間違いないです。では今、日本で対応できているかというと、少なくとも私は全然対応できていないので、非常に頭の痛い部分で、やらなければいけないけれども、現実にはできていないという状況です。

津田　さっき僕がプレゼンで見せたように、ファクトチェックでちゃんとファクトの問題がチェックできるものであればいいのですが、いわゆる一部を切り取って違う文脈を作るというものに対しては、ファクトチェックはある種無力なんですよね。ミスリーディングだという指摘しかできなくて。ミスリーディングだというのはすごく弱いんですよ。

今ソーシャルメディアで猛威を振るっているのはそっちなので、それにどう報道が対抗していくかというのが、これからの大きな課題ですよね。

杉田　切り取りみたいなことですか。

津田　切り取られている事実自体は正しいので、それが本当にやっかいですよね。

立岩　ディープフェイクは、新聞だったり、放送局だったり、通信社だったり、という主要メディアがしっかりやるという体制を組めば、私は対応できると思うんです。我々のような小さいＮＰＯがやるのは、なかなか難しいです。

杉田　では、他にどうでしょうか。もう1問くらい。

現地特派員の現在

質問者　１９８０～90年代にテヘラン、北京にいた者として、ちょっと意見を言わせてもらいたいのですが。当時、テヘランや北京はきちんと取材をしていました。というのは、現地のメディアをもちろん頼るわけにはいかないし、欧米のメディアもほとんど日本のメディアよりも力がなかった。だから、非常に取材の環境も悪く困難でも、それなりに現地の声を伝えるという立場を守ってきたと私としては思うんです。

ところが、最近のウクライナ報道を見ますと、どうも確かに日本の国際報道は弱いんですが、それは逆に軽視し過ぎているんじゃないかと思います。むしろどうして特派員の声を伝えないのか。特派員が声を上げても、それを取り上げない。むしろロイターがこう言っている、ＢＢＣがこう言っているというふうに現地を非常に軽視しているし、最近はどうも国際報道の記者を養成する体制も、１９８０～90

年代に比べると、急激に落ちてきている。あるいは軽視しているという傾向が私はあると思うんです。どうでしょう、立岩さん、たしかに国際報道は弱いですが、逆に国際報道を強くしようという姿勢が、幹部の側にないのではないかと。私はちょっと驚いたんですが、政治部や経済部の記者が命を懸けて報道しているにもかかわらず、国際部の記者はどうだという話をされましたが、むしろ国際部の記者の方が、現地を一人で駆け巡って、努力しているのではないかと思いたいのですが、どうでしょうか。

立岩　現実に言うと、そういう時代は終わりました。つまり、私は１９９１年にＮＨＫに入ったのですが、それ以前にはニュースが日々そんなに大量に求められなかった。今はニュースを大量に求められるので、支局から出られなくなっちゃったりするんです。

顕著なのは、北京とロンドンとワシントンです。ずっと支局にいて何しているかというと、テレビを見ているわけです。テレビで何か出ると、「おまえ、それについて原稿書け」って言われて書くわけです。そういう状況なんです。

しかも、まだＡＰとかＡＦＰとかロイターがこう書いているから書けっていうのはいいんですよ。一番困るのは、「官邸はこう言ってるんだよ」。つまり、東京の政治部が見た日本政府の見立てと違う原稿は、明らかに出せなくなる。だからまさに、現地をはいつくばっている特派員が「もっと話をさせろ」と言っても、東京の政治部が上げてきた情報と、ワシントンでとった情報が食い違った時に、どちらを取るか。東京の情報を取るんです。それはもう常態化してますね、今。

だからおっしゃる通り、それを変えなきゃいけない。それは何かと言ったら、例えば、地域研究などが全く軽んじられている現状で、海外取材にお金をかけられるか。だから、「別にウクライナがどうであれ、どうでもいい」と思っている人たちに対して、今だけは報道するわけじゃないですか。でも、戦争が終わったらたぶん報道しないことが常態化していることの深刻度というのは、我々が今思っている以上にあるんでしょうね。
　しかも、どんどん日本の国際的な地位が下がっていく中で、ますます海外に関心を持たない日本と、そのメディアというものが、どうやって生きていくのかということは、もうちょっと議論した方がいいと僕は思います。

杉田　ありがとうございます。どんどん深いところに議論が入って面白くなっていますが、しかし時間が迫っていますので、そろそろ最後に、コメントを3人の先生方から伺いたいと思います。
　今のご質問にも関連しますが、今後のウクライナ報道、あるいは国際報道において、日本のメディア、日本の新聞社、通信社に期待したいことは何か、という質問です。

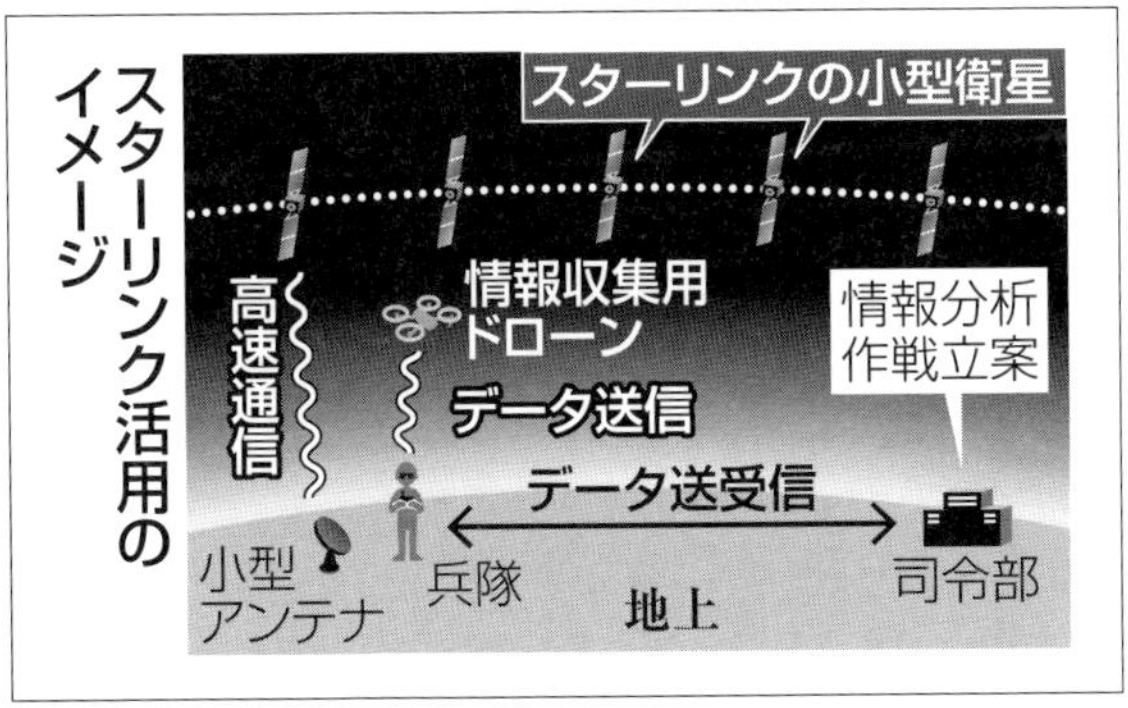

（提供：共同通信社）

国際報道に期待すること

津田　国際報道、これが報道するのは各国政府の動きじゃないですか、当たり前ですけれども。しかし、今はもう政府を超えるような存在が出てきていますよね。戦争の中心が情報戦になって、具体的にはＧＡＦＡといわれる世界を股にかけて情報のサービスを展開する企業、あるいは、そういうものを牛耳っているイーロン・マスクのような存在がある。
　ウクライナ戦争でいうと、この間、「フィナンシャル・タイムズ」で報道されていたのですが、イーロン・マスクが、ウクライナ侵攻が始まった直後にスターリンクという、衛星のインターネットサービスを提供して、それがやっぱりウクライナがロシアに対して善戦した決定的な要因の一つになっているわけですよね。

　ウクライナ全土で、どこでもネットにつながるということがすごく重要だったんだけれども、それがちょっと今変わってきているんですよね。なぜかというと、イーロン・マスクに対して、ウクライナが「クリミア半島でもスターリンクのサービスを提供してほしい」と要請したら、断ったそうなんです。なぜ断ったのかというと、それをするとロシアに対する主権侵害というか、スターリンクの衛星などが狙われてしまうリスクがあるので、クリミア半島での提供はしなかった。

　さらにちょっとときなくさいのが、ウクライナの東部・南部4州の併合を宣言した後に、それまで東部ドンバス地域で利用できていたスターリンクが、急に通信障害を起こしたそうです。そして、利用できなくなった結果、ウクライナ軍がいい感じで攻めていたのに、壊滅的な打撃を受けたというようなこともいわれています。もしかしたら偶然なのかもしれないけれども、彼らにとってもビジネスなので、ロシアを敵に回して衛星などが破壊されるのを、てんびんにかけたのではないかと、アメリカの政治学者イアン・ブレマーの研究所が報告しているんですよね。

　その中で、もちろん、イーロン・マスクがスターリンクを提供したことによって、救われたウクライナ人の命もたくさんあるでしょうから、それは正当に評価しなければいけないんですけれど、でも一度ウクライナ侵攻にああいう形でコミットして、ウクライナを支援する欧米諸国にとってはなくてはならないインフラを提供しているのが一個人であり、それが戦況に決定的な影響を与えるような世界になっているわけですよね。

　イーロン・マスクは慈善運動家でもないし、社会運動家でもなくて、世界でもっとも優れた経営者の一人なので、その人がなんならアメリカ政府を超えるくらいの影響力を持ち始めている。しかもそのように戦争に影響を与えるような彼が、ツイッターも買った。

まさに今、情報戦争のメインの場所がツイッターです。ツイッターを買って、トランプの永久凍結されたアカウントを復活させようとしているし、陰謀論のツイートをリツイートしたということで、今批判もされているわけですよね。だから、ツイッターは間違いなく中立公正なプラットフォームではなくなってしまっています。一個人に、ものすごい力が与えられて、ウクライナ侵攻の未来も、ツイッターの未来も、電気自動車の未来もかかっているわけですよね。

我々は、ＳＦ小説みたいな時代を生きているので、政府と同じように、情報環境を支配するプラットフォームとどう対峙していくのかは、たぶん同じかそれ以上の温度で批判的に検証報道していかないといけない。プラットフォーム企業は資本の論理で動いていくので、そことの新しい対決みたいなものが、非常に重要になってくるのではないかと思います。

これについては、たぶん何時間あっても議論し尽くせないのでしょうけれど、今後その視点からの報道を既存の報道機関にも期待したいということで、終わります。以上です。

立岩　津田さんのおっしゃったことを踏まえた上で言うと、私は、ある意味、いわゆる主要メディアといわれているオールドメディアにとって、チャンスではないかと思っています。巨大なプラットフォーマーとは一線を画した報道というのができるのであれば、やっぱりそれは一つチャンスと捉えた方がいい。自分の出身であるＮＨＫは、私が１９９１年にＮＨＫに入ってからもずっと巨大化を目指してきたわけです。新聞も通信社もそうです。

そうではなくて、大きさではなく、個々が小さくてもいいから連携を取れるような、いろんな人たちがいろんな関わり方をして、しっかりと協力関係を結んで報道する。つまり、ある放送局なり新聞社なりが、自分たちだけすごいのだという時代はもう終わって、いろんなメディアがいろんな人たちの力を借りて、しかし、プラットフォーマーのような影響力の手先になるのではなくて、しっかりと事実を確認して報じる。

メディアの原点を、もう一度思い返して、一から再構築をするようになれば、私はこういう今の状況も、いわゆるレガシーメディア（編注　紙媒体などの旧来型メディア）といわれているものが、再構築されるいい機会になるのではないかと期待をしています。

林　私はあえて、〝国際報道〟と〝国内報道〟を分けるということも見直していただいたらと思います。

私の経験ですけれども、国際畑だっていう人と、国内の支局勤務の人とは、全然違う世界に生きていらっしゃる感じで、グローバル化時代にその在り方もどうなのかと思います。

「この人はロシア・スクール」とか、それぞれが国を背負ったような形で仕事をするのも、ちょっと古いんじゃないかなと思います。もっと機動的に、先ほどから議論してきた、点を線に、そして面にという、そういう国際報道の在り方が問われる時代です。人間の移動が激しいグローバル化時代、「国際的な」報道というのが何なのか、もう一回考え直すべき時が来ているのではないかと思います。

それとの関連で、先ほどからいろいろとプラットフォームの話が出ていますが、プラットフォームのタイムラインに出てくるニュースは、今日のランチメニューとウクライナ戦争の話が同時並列して出てくるわけですよね。そういうふうにして受け手がニュースを見ているという時代の中で、どうやって私たちがウクライナ戦争をきちんと報道するかが問われているわけです。こうした時代に、日常と地続きな「ウクライナへの入り口」をつくるような、そんな報道をもっとつくっていただけると、もう少し息の長い戦争報道、そして平和への認識、民主主義の問題といった課題が、より身近な形で報道の中から見えてくるのではないかなと思っています。どうもありがとうございました。

杉田　どうもありがとうございました。私も最後に、全てを取材することは無理ですから、翻訳紹介はやる。ただし、それ以外のところをどうやって増やすかということが、勝負の分かれ目だと思っていまして、それが点から線、線から面に広がる、一つのチャンスだと思います。

ウクライナ報道に関しては、先ほどから出ているようにウクライナ側の対応が非常に充実しています。ただ、それを当然了解した上で、それでもいろいろな村落や集落の人々、軍の人間の声、市民の声というのが比較的大きく、報道されているのではないのかという感想を抱いています。

林先生のおっしゃった、ミャンマーやイエメンとの報道格差は確かに大きい。これまた問題です。ただウクライナ戦争に関しては、いろんな工夫を凝らし、オシント等使いながら、何とか一生懸命多面的に、ロシア側の立場も伝えつつ、やっているのではないかと思っているところです。

立岩さん、今日は非常にストレートにいろいろお話をおっしゃっていただいたんですけれども、例えば「官邸がこういうふうに言っている」「現場がこういうふうに言っている」という時にどっちを優先するかというところは、それこそテーマごとに違うかと思いますが、私の印象では、「政治部はこういうふうに言っているから、全体のトーンをこう変えろ」というふうに、国際部なり外信部がトーンや見出しを変えたという記憶はあまりない。

立岩　それは時代の流れかと思いますよ。

杉田　時代で、違うかもしれないけれど。それは、今でもそうあってほしいなというふうに思っています。

立岩　ですから、今からでも頑張っていただきたいと思いますよね。

杉田　それでは、非常に白熱した議論が展開できました。林先生、立岩さん、津田さん、どうもありがとうございました。皆さんのご質問もありがとうございました。

シンポジウム

変容する戦争ジャーナリズム
～ウクライナ報道とメディア～

発行日　2023年3月25日　初版第1刷発行

発行人　西沢　豊
編集人　倉沢章夫
発行所　公益財団法人新聞通信調査会
〒100-0011
東京都千代田区内幸町2-2-1　日本プレスセンタービル1階
TEL　03-3593-1081(代表)　FAX　03-3593-1282
URL　https://www.chosakai.gr.jp/

装丁　野津明子(böna)
写真　河野隆行(口絵、本文)
一般社団法人共同通信社、株式会社共同通信イメージズ
編集協力　株式会社共同通信社
印刷・製本　株式会社太平印刷社

ISBN978-4-907087-39-5